이 책을 읽는 사람

이름 :　　　　날짜 :

롱패스
Longpath

장기적 사고의 힘

롱패스

아리 월락 지음 l 김시내 옮김 l 윤정구 감수

Longpath

21세기북스

《롱패스》를 향한 찬사

'롱패스 삶의 방식'을 택하면 기회주의에 뿌리를 둔 단기적 의사결정을 넘어설 방향을 찾을 수 있다. 저자는 노련한 시인처럼 창의적인 비유를 선보이며 우리를 롱패스 여정에 초대한다. 인간이라는 종의 생존을 보장할 뿐만 아니라 모두 힘을 합쳐 어울리며 즐거움과 성취감까지 느낄 수 있는 이 새로운 삶의 방식에 귀를 기울여 보자.

| 다니엘 리흐티Daniel Liechty | 《죽을 운명에 맞서기》, 《이동과 초월》 저자

저자는 옛 선지자처럼 우리에게 당장 필요한 메시지를 제시한다. 이전 세대 덕에 살아남은 우리가 미래 세대에 호의를 전파해야 인간이라는 종이 살아남을 수 있다는 것이다. 저자는 진화 생물학, 심리학, 영적 지혜를 능수능란하게 엮으면서 우리가 미래 세대에 진 빚이 무엇인지 알려주고 더 나은 선배가 되는 데 필요한 도구를 제공한다.

| 데이비드 데스테노David DeSteno | 《믿음의 효과》 저자

기발함, 영감을 주는 문구, 진심이 돋보이는 이 책은 우리를 바람직한 미래로 인도하는 중요하고도 희망찬 지침서다. 저자는 오늘부터 당장 할 수 있는 일까지 구체적으로 제시한다. 나와 미래 세대를 위해 읽고, 실천하길 바란다.

| 데이비드 색스David Sax | 《아날로그의 반격》 저자

어려운 상황에 놓인 사람일수록 어떻게든 앞으로 나아가려고 한다. 저자의 아버지도, 과거 미국에 살던 흑인들도 그랬다. 그들의 노력이 있었기에 지금 우리는 더 나은 세상에서 살 수 있다. 우리는 미래 세대를 위해 어떤 역할을 할 수 있을까? 우리도 이전 세대를 살았던 조상들처럼, 감사 인사를 받을 수 있을까? 저자는 롱패스 사고방식을 실천하면 충분히 그럴 수 있다고 말한다. 이 책을 통해 많은 사람이 롱패스라는 사고방식 그리고 그에 어울리는 행동을 받아들이길 바란다. 마음가짐을 바꾸면 삶을 바꿀 수 있다.

| 라샤드 로빈슨Rashad Robinson | 컬러 오브 체인지Color Of Change 대표

아이들과 손주들에게 어떤 세상을 물려주고 싶은가? 저자는 우리가 잊고 있었던 이 질문에 다시 집중하게 한다. 훌륭한 조상이 되려면 위기를 잘 극복하는 것을 넘어, 또렷한 철학을 가지고 일상에서 올바른 선택을 해야 한다. 선택의 근거는 멀리 보는 '롱패스' 관점이 되어야 한다. 나는 저자의 의견에 동의한다. 인류가 롱패스 관점에서 문제를 해결할 때 어떤 세상이 펼쳐질지 기대된다.

| 로렌스 C. 스미스Laurence C. Smith | UCLA 지리학, 우주과학 교수, 《2050 미래쇼크》 저자

저자는 재기 넘치는 미래학자로서 온 마음을 다해 위엄, 정의, 사랑이 일상에 녹아든 미래를 함께 만들어 나갈 방법을 보여준다. 이 책을 읽으면 가슴이 뭉클해지면서 시선을 돌려 저 멀리 펼쳐진 가능성을 보게 될 것이다. 나는 미래에 후손이 느낄 즐거움을 파악할 줄 알게 됐고, 이제 그 즐거움을 인생의 목표로 삼았다. 현명하며 실용적인 데다가 설득력까지 있는 이 책은 어떻게 해야 우리가 꿈꾸는 세상이 탄생할지 알려주는 필독서다.

| 발레리 카우르Valerie Kaur | 레볼루셔너리 러브 프로젝트Revolutionary Love Project 설립자, 《낯선 이란 없다》 저자

단기적 사고방식은 당장에 끌리고 좋아 보일 수 있지만, 미래에 피해를 끼칠 가능성이 높다. 저자는 우리에게 닥친 가장 큰 문제를 해결하려면 오래 노력을 기울여야 한다고 설득하며 친절하게 시작하는 법까지 일러준다. 이 책을 읽고 실천하자. 가만히 앉아 허비할 시간이 없다.

| 브래드 스털버그Brad Stulberg │《나는 단단하게 살기로 했다》 저자

21세기에 어울리는 필독서다. 미래학자 특유의 감각과 현자의 시선을 겸비한 저자는 먼 미래를 재구성하는 문제를 주제로 하루라도 빨리 대화에 나서자고 촉구한다. 오늘날 걷잡을 수 없는 '나우이즘'에 문제 의식을 느끼고 있는 사람이라면 이 책을 읽고 더욱 의미 있는 대화를 나눌 수 있을 것이다.

| 브루스 페일러Bruce Feiler │《변화하는 인생》 저자

이 책은 여러분이 시간을 바라보는 방식을 바꿀 것이다. 저자는 우리가 어떤 식으로 조상의 역사를 이어 나가고 있으며 이어 받은 역사를 어떻게 다음 세대에게 전수할지 깊이 생각해 보라고 말한다. 그리고 우리와 미래 세대를 불행하게 만드는 단기적 사고를 버리고 장기적 사고로 전환하기를 권한다. 우리의 다음 세대, 그 다음 세대를 생각한다면 지금 어떻게 행동해야 할까? 이 책에서 답을 찾을 수 있다.

| 샤론 샐즈버그Sharon Salzberg │《행복을 위한 혁명적 기술, 자애》 저자

이미 믿고 따를 수 있는 미래 학자로 유명한 저자는 이 책을 통해 자신의 주장을 구체적으로 드러낸다. 마음가짐과 함께 구체적인 방법론까지 담은 이 책은 지금부터 우리가 따라야 하는 지침이다. 저자는 몇 번의 날갯짓으로 수 킬로미터 떨어진 곳에 폭풍을 일으킨 나비처럼 우리가 매일 하는 행동이 후손이 맞이할 미래를 구축하고 있다는 사실을 깨닫도록, 마음을 움직이는 이야기를 다정하면서도 끈질기게 전한다.

| 수디르 벤카테시Sudhir Venkatesh | 컬럼비아대학교 사회학 교수

이 책은 우리에게 더 멀리 보고, 더 길게 생각하라고 다급하게 요청한다. 이 책의 요청에 따른다면, 사고와 행동을 바꿔 더 낫고 보다 행복한 사람이 될 수 있다.

| 아미시 자Amishi Jha | 마이애미대학교 심리학 교수, 《주의력 연습》 저자

초연결 시대이지만 이 세상은 균열, 대격변, 불안으로 가득하다. 이런 맥락 속에서 저자는 미래를 위해 사고방식을 단기에서 장기로 바꾸자는 설득력 있는 주장을 한다. 이 책은 우리를 과거에서 현재로, 또 미래로 데리고 가면서 사소한 결정이 어떤 상호작용을 일으키는지 보여준다. 이 책을 읽고 나면 더 나은 미래를 위해 힘을 합치겠다는 결심을 하게 될 것이다.

| 아샤 커런Asha Curran | 기빙튜즈데이 CEO

이 책을 읽으면 정의와 희망, 즐거움으로 가득찬 세상, 즉 우리가 미래 세대에게 보여주고 싶은 세상이 생생히 그려진다. 상상력을 가지고 추진력을 얻기 위해 롱패스 사고를 배우자. 그리고 지속 가능한 미래를 위해 힘을 합치자.

| 아이-젠 푸Ai-jen Poo | 전국가사노동자연대 대표, 《위엄의 시대The Age of Dignity》 저자

저자는 미래학자이자 다음 세대에게 남길 세상을 진심으로 생각하는 아버지로서 《죽음의 수용소에서》를 쓴 빅터 프랭클처럼 깊은 통찰을 제시한다. 동시에 생각을 자극하고, 과거와 미래 사이에 서 있는 우리에게 의미와 희망을 찾을 수 있는 지침을 제공한다.

| 알렉 로스Alec Ross | 《알렉 로스의 미래 산업 보고서》, 《격동하는 2020》 저자

이 통찰력 있는 책은 우리를 근시안적인 사고에서 벗어날 수 있게 한다. 저자는 몇 달 혹은 몇 년 후의 계획 세우기를 멈추고 몇 세대를 내다보라고 당부한다. 저자의 말에 동의한다. 생각에 생각을 거듭할 준비를 하자.

| 애덤 그랜트Adam Grant | 《오리지널스》 저자

이성과 영성을 멋들어지게 엮어내는 책이다. 우리는 '롱패스'라는 새로운 관점을 통해 미래를 상상하고 만들어 나갈 수 있다.

| 애덤 블라이Adam Bly | 시스템 CEO

이 책은 다급한 문제에 이목이 쏠릴 때도 잃지 말아야 할 장기적인 시각에 대해 이야기한다. '정의롭고도 지속 가능한 세상'이라는 비전을 달성하려면 롱패스 관점이 반드시 필요하다. 게다가 회복 탄력성이 유행어에 그치지 않고 필수가 되어야 하는 시대에, 어떻게 회복 탄력성을 발휘하고 유지할 수 있을지 구체적인 경로까지 제시한다.

| 애런 크래머Aron Kramer | BSR 대표 겸 CEO

이 책은 지금 당장의 행복을 추구하는 단기주의에 반기를 들어야 한다고 주장한다. 저자는 미래에 해를 끼치도록 부추기는 이 사회에 이의를 제기하는 한편, 장기적 사고를 할 수 있는 유용한 도구와 솔루션을 제공한다. 그렇게 장기적인 영향을 의식하며 일상에서나 직장에서나 미래 세대가 자랑스러워할 결정을 내릴 수 있도록 현명하게 우리를 이끈다.

| 이타샤 L. 워맥Ytasha L. Womack | 《아프로퓨처리즘》 저자

'훌륭한 조상이 되자.'는 저자의 접근법을 보고 있으면 혼란스럽던 머리가 맑아진다. 우리 삶을 지배하면서 늘 쫓기는 기분이 들게 하고, 불행하게 만드는 것이 바로 단기적 사고이다. 이 책에은 단기적 사고에서 벗어날 수 있는 해독제로 '롱패스 사고법'을 제시한다. 철학적이면서도 실용적이며 세월이 흘러도 변치 않을 저자의 다급한 메시지가 그 어느 때보다도 와닿는다.

| 자밀 자키Jamil Zaki | 스탠퍼드대학교 사회신경과학연구소 소장, 《공감은 지능이다》 저자

우리가 이전 세대에 더 깊이 공감하고 신경쓴다면 어떨까? 이후 세대에도 관심을 가진다면? 미래학자인 저자는 시간을 넘나들며 마음과 마음을 연결하자고 제안한다. 또 우리 자신이 세대와 세대를 잇는 사슬 속 연결 고리라는 사실을 깨닫고 폭넓게 관심을 기울이라고 재촉한다. '롱패스'라는 개념이 주는 메시지는 분명하다. 오늘날 존재하는 외로움, 소외, 분열이 인류의 미래에 가 닿지 않도록 해야 한다는 것이다.

| **젠 후스 로스버그**Jenn Hoos Rothberg | 아인혼 컬래버러티브 임원

이 책의 진실함과 대담함에 푹 빠졌다. 나는 이 책을 읽고 더 밝은 미래를 그리고 더 유능한 리더가 될 방법을 찾을 수 있었다. 세상을 바꾸고 싶은 사람이 당장 따라할 수 있는 '대본집'이다. 감히 이 시대의 필독서라 할 만하다.

| **조너선 그린블랫**Jonathan Greenblatt | 반명예훼손연맹 총책임자

알버트 아인슈타인은 '처음 생각을 고집해서는 문제를 해결할 수 없다.'고 말했다. 이 책은 우리 앞에 닥친 문제를 현명하게 처리할 수 있도록 다르게 생각하는 확실한 방식을 보여준다.

| **조너선 로즈**Jonathan Rose | 로즈 컴퍼니스 대표, 《잘 조율된 도시》 저자

오늘 나의 결정이 먼 훗날 어떤 결과를 가져올지 생각해 본 적 있는가? 세대와 세대를 연결하는 관점에서 우리의 의사결정 패턴을 재정비할 수 있도록 새로운 틀을 제공하는 훌륭한 책이다.

| **차드 멩 탄**Chade-Meng Tan | 《너의 내면을 검색하라》 저자

'미래학자'라는 말을 들으면, 1인용 비행기와 식사 대용 알약이 떠오른다. 그러나 저자는 그런 부류가 아니다. 더 나은 미래를 열기 위한 통찰력 있는 이야기를 꺼내며 더 멀리까지 내다볼 수 있도록 독자들을 데리고 시간을 거슬러 올라간다. 그렇게 우리는 기존의 좁은 시간관념에서 해방되어 미래 세대의 훌륭한 조상이 될 책임을 부여받고 다시금 태어난다.

| **캐스퍼 터 카일**Casper ter Kuile | 《리추얼의 힘》 저자

다른 관점에서 바라보기만 해도 삶이 바뀔 때가 이따금 있다. 이 책은 각자 그리고 모두가 내리는 선택이 미래에 어떻게 영향을 줄 수 있는지 주의 깊게 생각할 길을 열어준다. 살면서 어떤 선택을 할지 고민한 적 있다면, 이 책이 미래로 향하는 길을 밝혀줄 것이다.

| **캐슬린 머독**Kathryn Murdoch | 쿼드리븀 재단 대표

이 책은 내 눈 앞의 세상과 바람직한 세상 사이의 간격을 좁히고자 하는 사람에게 큰 울림을 준다. 내 마음을 움직이면서도 정곡을 찌르는 지침을 준 이 책을 강력히 추천한다.

| 하리 한Hahrie Han | 존스홉킨스대학교 정치 과학 교수, 《무지갯빛 사람들》의 저자

심리학, 감정, 심지어 영적인 영감까지 담긴 이 책은 미래에 대한 중요한 청사진을 제시한다. 우리 스스로를 위해, 그리고 미래 세대를 위해 '공식적인 미래'가 아닌 '바람직한 미래'를 만들어야 한다. 저자와 함께 행동에 나서자.

| 홀리 러슨 길먼Hollie Russon Gilman | 하버드대학교 민주통치 및 혁신 센터 연구원

나는 앞으로 등장할 많은 세대에게
훌륭한 어른이 되려고 노력한다.
그러나 그 전에 나의 아이들인 일리아나, 루비, 기디언에게
지금껏 좋은 아빠였기를 바란다.

이 책을 현재 그리고 미래의 여러분에게 바친다.

옛날 옛적에 호니라는 사람이 길을 따라 걷다가

캐럽 나무를 심고 있는 사람을 보고 이렇게 물었다.

"열매가 맺히려면 몇 년이나 걸립니까?"

그러자 나무를 심던 사람이 말했다.

"70년이 지나도 감감무소식일 거요."

이 말을 들은 호니가 또 질문을 던졌다.

"당신이 열매를 볼 수 있을까요?"

그리고 이런 대답을 들었다.

"세상 빛을 본 내 앞엔 이미 캐럽 나무가 있었소.

조상들이 내게 이 나무를 안겨줬듯,

나 역시 후손들을 위해 심고 있는 거요."

《탈무드》 중 타아닛 23A

'초단기 실적주의'의 함정을 극복하는 방법

윤정구 이화여자대학교 경영대학 교수

최근 많은 미디어의 주목을 받고 있는 아리 왈락의 베스트셀러《롱패스》는 현재 우리가 직면한 대부분의 문제가 장기적 사고방식인 '롱패스'를 소홀히 해서 생긴 결과라고 말한다.

과거를 대표하는 기성세대, 현재를 대표하는 청년층과 미래를 주도하는 미래 세대가 세대 갈등에서 벗어나 지속 가능한 미래를 만들기 위해서는 장기적 사고법을 통한 협업이 절실하다. 왈락은 이 책에서 우리 사회를 구성하고 있는 세대들이 함께 미래를 다지는 기틀을 마련하도록 돕는 것이 롱패스 사고법의 목적이라고 밝히고 있다. 그리고 이러한 협업을 중시하지 않고 단기주의 사고에 매몰될 때 지속 가능한 미래 그리기에 경고등이 켜진다고 본다.

CEO가 단기적 실적주의를 벗어나지 못하는 이유는 회사의 미래, 현재, 과거를 잇지 못하고 경쟁사의 뒤꽁무니만을 쫓아 경영하기 때문이다.

단기적 실적주의를 벗어나지 못하는 CEO는 오로지 현재만을 보고 경영하기 때문에 장기적인 성과를 낼 수 있는 기회를 놓치기 마련이다. 성과가 나지 않으면 좌충우돌 허튼 수를 두다 반드시 사고를 낸다.

반면 초우량기업의 유능한 경영자들은 과거와 미래를 연결하는 장기적 사고를 통해 꾸준히 좋은 실적을 만들어낸다. 초우량기업은 단기적 시각이나 장기적 시각 중 하나만을 선택하는 방식으로 만들어지지 않는다. 100년 동안 번성을 누려온 초우량기업들은 장기적 사고와 단기적 사고를 촘촘하게 연결해 자신만의 고유한 역사를 만들어냈다.

당신은 100년 기업이 되었을 때 미래 세대에 유산으로 남겨줄 존재 목적(텔로스)을 가지고 있는가? 몇 주나 몇 달이 아닌 10년, 100년을 계획하는 기업만이 앞으로 다가올 태풍을 버티고 미래로 나아갈 수 있다. 그러니 단기주의 사고를 벗어나자. 많은 구성원을 태우고 달리는 CEO가 '회사'라는 자신의 버스를 초보 운전자 같은 단기적 관점으로

운행하고 있다면 버스에 탄 구성원들은 엄청난 멀미에 시달릴 것이다. 이런 회사는 결국 구성원들을 시시포스의 돌굴리기처럼 의미 없고 생산성 떨어지는 일로 내몰고 만다.

이것은 생존에 급급해 시간 여행자 같은 장기적 관점을 놓치고 현재만 보고 달리는 CEO가 운전하는 회사가 경험하는 비극이기도 하다. 많은 기업이 실적 부진에 시달리는 이유는 장기적 관점을 가진 리더의 부재로 조직이 길을 잃었기 때문이다.

초단기주의는 디지털 시대를 살아가는 개인들이 경험하고 있는 불안의 원인이기도 하다.

월락은 동시대를 사는 개인의 상황을 디지털시계와 아날로그시계에 비유한다. 아날로그시계는 시간의 흐름을 보여주면서 과거-현재-미래를 시각화한다. 반면 디지털시계는 단지 지금이 몇 시인지만을 숫자로 알려준다.

디지털시계는 시간 여행이라는 삶의 개념을 상실하게 만든다. 과거도 보이지 않고 미래도 보이지 않고 촌각을 다퉈가며 허무하게 사라지는 현재만이 그곳에 존재한다. 결국 디지털시계에 맞춰서 삶을 사는 사람들은 시간에 대한 불안을 극복할 수 없다. 시간에 대한 공포와 불안을 극복하지 못하면 현재를 채워가며 살 수 없고 결국 우리가 바라는 미래를 만들어갈 수 없다.

왈락은 태어나서 죽기까지의 시간을 한 사람의 생명 주기 속에 맞춰 과거, 현재, 미래로 분절하지 말라고 조언한다. 이런 생각은 프랑스의 철학자 베르그송Henri Bergson의 조언과도 일치한다. 베르그송은 시간 개념을 물리적으로 재는 시간의 개념인 '크로노스의 시간'과 체험된 시간인 '카이로스의 시간'으로 나눈다. 예를 들어 60세까지 아무 체험과 공부를 하지 않고 보냈다면 크로노스의 시간은 60세지만 카이로스의 시간은 1세라고 볼 수 있다.

베르그송은 카이로스의 시간 개념이 인간의 역사를 만들어 왔다고 말하며, 크로노스를 비어 있는 배로, 카이로스를 체험으로 가득한 배로 비유했다. 베르그송은 또 채워진 시간의 정도를 '지속Duree'이라고 불렀다. '지속'에 따르면 어떤 프로젝트를 시작해 세대를 거쳐 개입하고 있다면 세상을 떠난 과거 세대들도 카이로스의 시간 측면에서는 여전히 진행형의 현재를 살고 있는 셈인 것이다. 물리적 시간과는 별개로 말이다.

왈락의 관점에서 과거-현재-미래의 인류는 '더 나은 호모데우스의 삶'이라는 목표를 가지고 '지속'하고 있다. 우리가 살고 있는 현재는 과거 우리에 대해서 긍휼감을 가지고 살아왔던 이전 세대들의 시간과 연결된다. 그리고 아직 태어나지 않은 미래 세대의 시간까지 연결되고 확장된다. 이전 세대는 현재를 사는 우리를 위해 삶을 바친 사람들이고, 우리는 먼 미래 세대에게 지속 가능한, 발전적인 새로운 유산을 전달할 책무가 있다.

왈락은 인류가 더 나은 호모데우스가 되기 위해 협업한다는 롱패스의 관점을 회복할 때 세대 간 갈등 문제가 더 생산적으로 해결될 수 있다고 말한다. 그러면서 "빨리 가려면 혼자 가고, 멀리 가려면 같이 가라."는 아프리카의 교훈을 인용해 롱패스라는 긴 시간 여정을 제대로 완수하기 위해서는 함께 갈 수 있는 동료가 반드시 필요하며, 이 여정에 함께하자고 독자들을 설득한다.

이 책은 기업과 개인이 어떻게 초단기적 성향을 극복하여 지속가능성을 누릴 수 있는지에 대한 구체적인 방법을 제시할 뿐만 아니라 세대 간의 갈등을 롱패스가 어떻게 해결할 수 있는지까지 보여준다. 또한 초단기주의를 넘어 롱패스를 수용하는 것이 어떻게 우리 삶을 혁신할 수 있는지 자세히 분석한다.

롱패스가 정치와 정책에 미칠 잠재적 영향, 지속 가능성과 세대 간 형평성에 초점을 맞춘 장기적인 정책 프레임워크, 미래 세대의 필요를 고려한 금융 시스템과 자원 배분, 롱패스 기반 경제학 등 거시적 측면은 물론이고 육아, 교육, 진로와 소비 습관 등 일상적인 의사 결정에 롱패스를 접목하는 방법까지 다양한 접근법을 제안하는 점은 이 책의 큰 장점이다.

롱패스 접근법은 삶을 디지털시계에 맞춰놓고 '빨리 빨리'를 입에 달고 살아왔던 대한민국에 주는 시사점이 크다. 우리가 초단기적 삶에 매진해오는 동안 과거와 미래가 현재를 통해서 연결된다는 '시간 여행자의 관점'을 놓칠 수밖에 없었다. 눈앞에 닥친 과제를 해결하느라 급급해 미래를 만들지 못한 우리에게, 롱패스는 미래에 대한 희망적인 비전이 어떻게 만들어지는지를 통찰력 있게 보여준다. 장기적인 관점을 채택하고 책임감 있는 선배 세대로서 행동할 때 세계가 직면한 위기를 극복할 수 있고 다음 세대를 위한 진보와 복지의 유산을 구축할 수 있다고 말이다.

마지막으로, 롱패스는 목적지가 아니라 여정이다. 그러므로 일상생활에서, 가능한 곳에, 롱패스 관점을 조금씩이라도 꾸준히 적용하는 것이 중요하다. 무의식적으로 흘러가는 시간을 바라보는 것을 멈추고 의식적으로 과거와 현재를 연결하자. 통합된 시간 속에서 미래를 위한 기반을 마련하고, 롱패스 관점을 회복하는 연습을 해야 한다. 근시안적인 사고는 현재의 시간을 망치고, 나아가 미래 세대에게도 독으로 작용할 것이다.

위험과 재난은 여러 가지 얼굴로 우리를 찾아온다. 대비하지 않으면 무엇도 지킬 수 없다. 그러니 장기주의적 사고법을 익히자. 우리에게는 '지속가능한 번성'이라는 유산을 다음 세대에게 남길 의무가 있다.

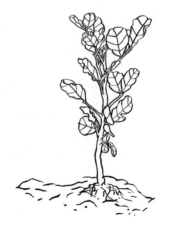

여는 글

이탈리아의 수도 로마에 가면 도심에 우뚝 선 콜로세움을 볼 수 있다. 지금도 당신은 이 상징적인 건축물을 보러 가서 시멘트 없이도 저 위까지 켜켜이 쌓인 석회암 외벽을 보며 탄성을 내지를 수 있다. 안으로 들어가 그 옛날 검투사가 있던 곳에 서서 5만 명이 넘는 관중이 환호하는 모습을 떠올려 볼 수도 있다. 위를 올려다보면, 서기 80년에 완공된 관중석이 보인다. 관중석을 채웠던 사람들은 내리쬐는 햇볕 아래서 다음 볼거리를 기다리며 병아리콩을 간식 삼아 와인 잔을 기울였을 것이다.

지하에 난 터널에서는 바다 건너에서 들여온 동물이 어슬렁거리는 가운데 싸움꾼들이 자신의 운명을 기다리고 있었다. 삶과 죽음이 백지장 하나 차이로 갈리던 이곳에 땀에 전 피비린내와 썩은 내가 깊숙이 스몄을 것이다.

우리는 콜로세움에 가서 인간미 넘치게 살았던 사람들의 자취를 느껴볼 수 있다. 고대 로마인의 경험에는 공포와 쾌락, 허기와 포만감, 긴장감과 꿈이 엮여 있다. 아마 여러분은 그 속에서 자신의 일부를, 아니면 자기 안에서 고대 로마의 유산 일부를 찾아볼 수 있을 것이다.

이제 서기 4020년을 상상해 보자. 헤아리기 어렵지만, 내가 이 책을 쓰고 있는 2022년에서 검투사 시대로 되감은 만큼을 빨리 감아 갈 수 있는 시기다. 그때 로마에 사는 사람들과 여행 온 사람들은 무엇을 보고 있을까?

2040년을 사는 이들은 우리가 살아가는 오늘날을 어떻게 그릴까? 축구 경기장에 가서 팬들이 환호성을 지르는 모습을 상상할까? 입장료를 내고 박물관에 들어가 기름을 넣어야 가는 베스파Vespa 스쿠터가 전시된 걸 보려나? 교통 체증 탓에 바퀴 달린 금속 상자 안에 갇혀 1년에 평균 254시간을 허비하던 상황을 알고는 흠칫할까? 그들도 정통 방식으로 젤라토를 재현할까? 여전히 피자를 좋아할까?

지금 우리 앞에 닥친 문제에 관해서는 무슨 생각을 할까? 극심한 기온 상승이나 가뭄을 보여주는 그래프를 보고 화를 벌컥 낼까, 아니면 시기적절한 조치에 고마워할까? 전 세계적으로 팬데믹이 몰고 온 혼란을 들으면 당황스러워할까, 아니면 우리가 보인 반응에 공감할까?

우리는 생각보다 빨리 미래 세대의 먼 과거이자 그들의 역사가 될 것이다. 그들은 우리를 보고 어떤 말을 할까?

나는 이런 식으로 시간 여행하는 걸 무척 좋아한다. 큰 그림이 무엇인지 보여주려 로마의 콜로세움을 예시로 들었지만, 여러분은 저마다 더 와닿는 방식으로 시간 퍼즐을 만들어 볼 수 있다. 나처럼 X세대(정의마다 다르지만, 대개 1960년대 후반에서 1980년대 초반에 출생한 세대. ―옮긴이 주)에 걸친 사람이라면, 1990년에 어디에 있었는지 생각해 보자. 그때 무슨 생각을 했나? 어떤 옷을 걸치고 있었나? 음악은 뭘 들었나? 가장 급한 문제가 무엇이었나? 그다지 옛날 일 같지 않게 느껴질 것이다.

조금만 계산해 보면 1990년보다 2050년이 더 가깝다는 사실을 알 수 있다. 2050년을 살아가는 사람들은 지금 여러분이 음원사이트에서 꾸준히 듣는 '오늘의 인기곡'을 '추억의 노래'로 듣고 있을 것이다. 그렇다. 어제까지 상상할 수 없던 미래가 바로 지금이다.

이 책은 여러분이 미래 세대가 바라는 훌륭한 조상이 될 수 있도록 시간 개념을 늘이는 동시에, 머리로 가늠하고 마음으로 느낄 수 있는 지평을 넓힐 것이다. 우리는 다 함께 모여 더 넓은 렌즈로 시간을 들여다보며 어떻게 감정과 협력이라는 강점과 맞물려 훌륭한 선배 세대로 거듭나고 현재를 더 잘 살 수 있는지도 탐구할 것이다. 또한, 서기 4020년을 바라보며 지구에서 살았으면 하는 사람들의 모습, 그들의 관심사를 상상하며 그들이 더할 나위 없이 행복한 삶을 살 수 있도록 오늘날 일부나마 어떤 토대를 놓을 수 있는지 생각해 볼 것이다.

결국 당신은 지금, 바로 이 순간이 앞으로 등장할 미래 세대의 삶에 커다란 영향을 끼칠 절호의 기회 중 하나라는 사실을 알게 될 것이다. 자, 시작하자.

목차

4장 창조 미래 그리고 우리가 미래를 만나는 방식

5장 번영 더 나은 세상을 위해 함께 하기

1장

삶

롱패스란 무엇이며 왜 필요한가

모든 사람의 행복을 위해 눈과 귀를 열고

현재는 물론이고 앞으로 등장할 세대의 눈으로

세상을 바라보자.

아직 세상 빛을 보지 못한,

태어나지 않은 미래의 그들처럼.

이로쿼이 연맹The Iroquois confederacy*의 바탕이 된

「호데노쇼니의 위대한 법The Great Law of the Haudenosaunee」중 일부

*　이로쿼이어를 쓰는 아메리카 5개 원주민 부족의 연맹체로 1570년 당시에는 가장 민주적
인 형태의 국가로 손꼽혔다. ―편집자 주

많은 독자들이 '**롱패스**Longpath'라는 제목을 보고 '천릿
길도 한 걸음부터' 같은 이야기가 펼쳐지겠거니 상상했을
것이다. 미국을 동서로 가로지르는 대륙횡단철도를 놓기
까지 걸린 20여 년의 시간이나 중국에서 만리장성을 쌓아
올린 200년의 세월, 그도 아니면 달 탐사선 발사 프로젝트
'문샷Moonshot'에 담긴 일화 혹은 기후 변화에 맞서 진심을
다해 어떤 식으로 행동에 나서야만 하는지 한바탕 설교가
이어질 걸 예상하고 있을지도 모르겠다. 수없이 많은 사람
이 기후 난민이 되어 몸 누일 곳과 물을 찾아서 온 세상을
헤맬 것이라는 이야기는 덤이다.

이런 이야기는 때가 되면 하기로 하고, 지금은 휴대전화
의 진동에 집중해 보자. 사실, 인간 문명이 맞이할 미래는
이처럼 종종 별문제 없어 보이는 것에서부터 시작한다.

나는 부엌에서 누구 앞에 내놔도 자신 있는 드래곤 에그(잘게 썬 핫도그와 치즈를 곁들인 스크램블드에그)를 저녁상에 올리려고 만들다가 주머니에서 진동을 느꼈다. 지역 학교 애플리케이션 알림이었다. 정확히 12초 전, 열두 살의 딸아이 루비가 스페인어 숙제를 제출하지 않았다는 그 알림은 내 몸 안에서 어떤 화학 반응을 일으켰다. 수십만 년 전, 인간이 세상에 등장한 그때부터 겪어온 반응이었다.

내 머릿속에서는 온갖 화학물질과 신경전달물질이 발화했다. 이 녀석이 숙제를 잊었다는 사실에 화가 나는 거야 당연했지만, **아빠 노릇을 어떻게 한 건가?** 싶어 부끄럽고, **계속 이런 일이 생기면 딸아이가 원하는 대학에 못 가게 될까** 두려웠다. 무엇보다 내 안 가장 깊숙이 자리 잡고 있던 생각, 그러니까 올바르지 않은 행동 탓에 부족 사람들의 분노를 사서 오늘 밤 동굴 밖으로 쫓겨나 커다란 송곳니를 드러내고 있는 거대한 동물과 맞서야 한다는 두려움이 나를 불안하게 했다.

이 모든 생각이 밀려들어 온몸을 휘감는 가운데 내가 갈 길이 펼쳐졌다. 이성을 잃고 화를 이기지 못해 딸아이에게 고래고래 고함을 치거나, 잠시 숨을 돌리고 롱패스 사고

방식을 따르는 것.

롱패스는 단기적 사고를 장기적 사고로 바꾸는 단순하지만 심오한 사고방식이다. 나는 롱패스 덕에 1초도 안 되는 짧은 순간 동안 잠시 숨을 돌리고 화학 물질과 호르몬이 순식간에 밀려들어 소용돌이치는 상황을 알아차릴 수 있었다. 그리고 잠시 멈춰 있던 중에 수십만 년 전부터 흘러온 세월과 앞으로 펼쳐질 수십만 년이라는 시간을 느끼며, 나 자신이 인류라는 존재가 이어온 거대한 사슬 속 하나의 고리에 불과하다는 생각을 했다. 천문학자 칼 세이건의 표현에 따르면, 나는 계속 확장해 나가는 시공간 속 창백한 푸른 점Pale blue dot(칼 세이건의 저서 《코스모스》에 등장하는 표현. 지구를 의미함. -역자 주)의 극히 일부일 뿐이란 사실을 떠올린 것이다.

그러자 1초도 지나지 않아 딸 루비가 스페인어 단어 몇 개쯤 몰라도 제 앞날이나 우리 인류가 맞이할 미래가 좌우되지 않을 것임을 깨달았다. 숙제 하나 안 냈다고 난리를 칠 필요가 없었다. 저녁밥을 먹고 딸아이와 대화하고 나면 해결할 수 있을 문제였으니 말이다. 오히려 얼른 이성을 되

찾고 사랑하는 가족들과의 식사를 소중히 보내는 데에 집
중하는 쪽이 현명했다. 그 편이 딸아이의 미래에 더 큰 영
향을 미칠 테니까.

가족 식사를 마치고 딸아이와 대화를 나눈 뒤 나는 가
장 중요한 일을 실행했다. 바로 학교에서 보내는 성가신 알
림을 끄는 것이었다.

장기적 사고의 힘, 롱패스

우리는 매일 이런 경험을 한다. 시도 때도 없이 업데이
트, 알림, 속보를 접하는 탓에 코르티솔Cortisol과 아드레날
린Adrenaline이 치솟아 중추신경계에서 일어나는 투쟁 도피
반응을 보이고, 잘못 대처하다 갑자기 저기압이 돼서는 깊
은 곳에서 부글거리는 감정의 잔해 속에 처박힌다. 유용할
때도 있지만 억누르지 않으면 주체할 수 없이 우르르 끓어
오르는 단기적이고도 반작용과 같은 사고의 결과다.

단기적 사고는 저녁 늦게 불쑥 와 사람 난처하게 만드는
업무 메일 앞에서, 딸아이가 스페인어 수업을 잘 따라가는

지 걱정되는 나 같은 아빠가 느끼는 죄책감 앞에서 불쑥불쑥 얼굴을 들이밀며 사고, 감정, 행동에 영향을 미친다. 이런 상황은 지금의 사고방식과 행동을 넘어서야만 해결할 수 있다. '지금 당장'보다 더 넓게 생각하고, 몇 시간 뒤, 며칠 뒤, 몇 년 뒤, 몇 세대 뒤를 생각해야만 한다. 바로 '롱패스'를 활용해 말이다.

롱패스는 미래를 의식하며 생각하고 행동하고 세상을 바라보는 방식을 제시해 스트레스 반응을 완화하는 데 조금이나마 도움을 주는 방향으로 작동한다. 롱패스는 우리에게 주어진 삶을 넘어 미래 세대에게 미칠 영향까지 생각하고 느끼도록 도와준다. 이전 세대가 우리에게 미친 영향을 곱씹어 볼 기회도 물론 제공한다.

그렇다면 '롱패스'란 무엇일까? 롱패스는 '나무아미타불 관세음보살'과 같은 불교 진언, '마음챙김 휴식 시간!'이라는 명상 시간 알림, 또는 '더 나은 내일을 위한 5단계 지침' 정도의 수준을 뛰어넘는다.

롱패스는 올바른 사고방식을 가지고 이 세상을 살아가는 방식으로, 정말 중요한 일을 우선하고 무엇이 중요하지 않은지 깨달을 수 있도록 도와준다. 또 생각하고 존재하는 방식으로서 내가 지금 발 디디고 있는 공간과 시간을 초월하여 3만 피트 상공에, 3만 년 전 과거와 3만 년 뒤 미래라는 시공간에 걸쳐 모든 생물과 무생물에 예를 갖춰 함께 살 수 있게 하고, 삶과 온 세상에 접근하는 방식을 고민하게 한다.

이렇게 롱패스는 우리가 커다란 무언가의 일부라는 사실과 유한한 시간 속에서 미래 세대에게 힘이 되는 훌륭한 조상이 돼야 한다는 사실을 일깨워 준다.

심오하고 추상적으로 들리는가? 롱패스는 육상 트랙만큼이나 단순한 모습으로 나타날 수도 있다. 내 친구 미셸은 고등학교 운동장에 새 트랙을 깔고 마을에 축구장을 짓는 건설 팀의 일원이었다. 프로젝트를 예산 추가 없이 일정대로 마쳐야 한다는 압박감에 시달리던 그에게 어느 날 납품업자가 와서 옥수수로 만든 새로운 마감재를 제안했다. 친구는 단번에 거절하려 했다. 그 재료는 다섯 배나 오래 갈 것이고 제조 과정에서 탄소 발자국을 덜 남겼지만, 너무 비쌌고 작업 기간도 길었기 때문이다.

미셸은 이 순간에 잠깐 멈추고 장기적 관점에서 생각해 보았다. '잠깐. 여기서 최종 목표가 무엇일까? 보너스? 아니면, 다음 세대가 다시 손댈 필요 없는 튼튼한 경기장?' 그대로 밀어붙이면 예정대로 프로젝트를 끝내고 잠깐 유능해 보일 수 있지만 머지않아 허점이 드러날 것이 뻔했다. 여기까지 고민한 그는 하루라도 빨리 자금을 투입해 손해를 줄이기로 했다. 미셸은 더 좋은 재료를 사용해 새 트랙과 축구장을 완성했다.

새로운 재료 소식에 거절부터 하려고 했던 미셸, 숙제를 제출하지 않은 딸아이를 혼내는 것부터 생각했던 나는 다른 사람들과 다를 바 없이 행동하고 있었다. 겉으로 드러난 즉각적인 위협을 몰아내고 기존의 방식을 답습하면서 단기적 이익을 지키려 한 것이다.

그러나 잠시 멈춰 더 큰 그림, 즉 훗날의 모습을 그리고 그 안에서 우리가 어떤 자리를 차지할지 생각한 뒤 방향을 틀었다. 롱패스를 실천한 것이다.

모순투성이의 삶에서 균형을 고민하다

나의 아버지는 폴란드에서 태어나 제2차 세계대전이 이어지는 동안 독일군 손에 부모를 잃고 세상에 혼자 남겨졌다. 청소년이 돼서는 숲에서 기거하는 저항군이 됐다.

아버지는 모국어 억양을 강하게 풍기며 이렇게 말씀하시곤 했다. "과거를 잊는다면, 미래도 없는 법이지. 우리가 내일 맞이할 일은 어제 시작된 거거든." 나는 이런 시간 개념을 바탕으로 성장했고, 우리 아이들 역시 지금 살아 숨쉬는 게 전쟁이 이어지는 동안 저항하고 싸우겠다고 다짐한 할아버지 덕이라는 사실을 알고 있다.

하지만 아버지는 히틀러Hitler를 향한 복수심에 불타 나치를 죽이는 데만 혈안이 됐던 건 아니었다. 자식들과 손주들을 품에 안아봤으면 하고 바랐다.

내 삶에 아버지의 영향이 짙게 배어 있긴 하지만 그건 물려받은 여러 조각 가운데 하나에 불과하다. 나의 어머니는 예술가였다. 전체 시스템을 조망하는 미래주의자이자 사람들에게서 찬사를 받는 건축가 버크민스터 풀러Buckminster Fuller를 스승으로 둔 빼어난 예술가였다. 어린 시절, 나는 주말이면 으레 어머니와 함께 샌프란시스코 미술관에 가서 미국의 조각가 알렉산더 칼더Alexander Calder가 남긴 조각을 감상하며 색채, 질감, 미묘한 차이가 주고받는 상호작용을 주제로 대화를 나눴다. 그리고 집으로 돌아가 아버지의 세상과 만나면, 보랏빛으로 물드는 해 질 녘 하늘보다는 오래된 제2차 세계대전 영화를 보고 《손자병법》에 등장하는 힘의 수칙에 깊게 파고들었다.

아버지는 굉장히 사교적이고 지적이었지만 1930~40년대에 겪은 트라우마에서 완전히 벗어나지 못한 채 과거에 얽매였던 반면, 어머니는 현대적이고 미래를 향해 살았다. 이렇게 나는 뚝 떨어진 두 시대가 공존하는 가정에서 자랐다. 그래서인지 저녁 식사 때 오가는 일상 대화는 1920년대와 2120년대를 넘나들며 펼쳐지기 일쑤였다. 그리고 그 사이엔 내가 앉아 있었다.

물과 기름처럼 다른 환경을 동시에 접하다 보니, 이후 내 삶은 모순의 연속이었다. 나는 웨스트포인트에 있는 미국육군사관학교에 진학했다가 결국 UC버클리에서 평화·분쟁학을 전공했다. 한 학기는 워싱턴 D.C.에 살면서 평

일을 쪼개 클린턴-고어 재선 캠프와 미국 평화연구소에서 일했고, 밤과 주말에는 인도의 철학자 크리슈나무르티 Krishnamurti의 대담을 마음속 깊이 새겼다. 졸업 후에는 새롭게 붐이 일던 실리콘밸리에서 닷컴 기업을 분석하는 일을 하는 동시에, 주말이 되면 마린 카운티에 있는 그린 걸치Green gulch 선원에서 수양하고 명상했다.

이 경험을 통해 나는 한 가지 패턴을 발견했다. 내가 UC 버클리 협동조합 주택 시스템의 분쟁 해결 담당자로 불화를 중재할 때도, 여성 리더십에 초점을 맞추던 닷컴 기업을 도우려 할 때도 사람들은 본질은 가만히 두고 수박 겉핥기식으로 문제를 해결하려 했다. 예를 들어, 협동조합 주방 담당자가 고급 갑각류에 돈을 쓰는 모습을 보고 사람들은 예산이나 의사결정 절차보다는 부와 특권을 향해 저마다 의견과 한 섞인 웅어리를 쏟아냈다. 여성 리더를 지원하려던 닷컴 기업은 모두 번지르르한 계획과 인사 관리 조언에나 관심이 있었다. 정말로 손을 써야 할 문제의 본질은 육아 휴직이나 양질의 육아 지원책을 고려하지 않고 임금 차별의 원흉이기까지 한 뿌리 깊은 가부장 제도였는데 말이다.

그동안은 과거, 미래와 더불어 문제에 도사리는 무수한 정치적, 정서적, 심리적 요인을 고려하지 않고 문제를 해결하려 했다. 나만 이런 사실을 알아챈 것 같지는 않지만, 우리 모두 그런 큰 문제 앞에서는 감히 나설 엄두조차 내지 못한다. 앞으로 나아가기 위해서는 효과 빠른 단기적 해법이 더 유용한 것 같았다. 아니, 필요했다. 그 탓에 우리는 모든 말을 조화롭게 움직여야 하는 장기판에서 앞이나 옆으로 한 칸밖에 못 가는 '졸'만 흔들고 있던 것이다.

나는 커리어를 이어오는 내내 사람들이 문제를 답답하게 풀어나가는 모습을 목격했다. 2015년 무렵 리더의 전략적 사고와 행동을 돕는 컨설팅 회사를 운영할 때였다. 나를 찾는 고객들은 가끔씩 미래 세대의 희생이 뒤따른다는 사실을 모른 채 더 빨리 영향력을 넓히는 데만 집중했다. 제네바에서 '글로벌 난민 대응'이라는 주제로 일류 사상가, 운동가들과 나눴던 대화가 압권이었다.

나는 앞으로 다가올 기후 난민이라는 새로운 흐름에 앞서 무엇을 해야 하느냐고 압박했다가 '**지금** 당장 해야 할 일이 있는데 무슨 소리냐?'는 말만 들었다. 게다가 계속 들어

보니 그들은(투표와 기부에 담을 쌓고!) 미래는커녕 이 순간 자신의 일거수일투족에 중요한 영향을 미치는 뉴스도 거들떠보지 않은 채 오로지 상사의 눈치만 살피고 있었다. 게다가 일할 시간도, 살날도 오래 남은 터라 기존에 하던 일만 이어 나갔다.

그 안에서 나는 현재의 욕구를 희생하지 않으면서도 현재와 미래를 하나의 연속체로 바라보는 방식을 찾아야 한다고 끈질기게 몰아붙였다. 그렇지 않으면 산 정상을 눈앞에 두고 굴러떨어지는 바윗돌을 끝도 없이 다시 올려야 하는 시시포스(그리스신화의 등장인물. 코린토스의 왕으로, 제우스의 분노를 사 저승에서 무거운 바위를 영원히 산 정상으로 밀어 올려야 하는 벌을 받음. –역자 주)와 같은 처지가 될 것이기 때문이다.

내 말을 들은 사람들의 멍한 시선이 느껴졌다. 바로 그때 나는 긍정적이면서도 영원히 이어질 변화를 일으키기 전에 단기적 사고와 함께 이 대화에서 분명히 드러난 비즈니스와 도덕이 분리된 세상부터 해결해야 한다는 것을 깨달았다.

그러다 얼마 안 있어 변화를 감지했다. 런던 다우닝가

10번지(영국 총리 관저 주소. -역자 주)에 연설자로 초대받았을 때의 일이다. 나는 명목상 혁신에 관한 의견과 함께 어떻게 하면 정부가 21세기를 사는 국민의 욕구를 충분히 들어줄 수 있을지 의사결정자들에게 조언을 전하는 자리에 불려 갔다. 그러나 마지막 순간, 제네바를 비롯해 불안함을 안겨주던 여러 회담의 흐름을 끊어내기로 마음먹었다. 나는 연설문을 뜯어고쳐 '22세기 영국 국민의 욕구를 들어줄 방법'에 관해 말하기로 했다.

이번만큼은 어디서도 멍한 시선을 느낄 수 없었다. 자리를 채운 사람들은 내 메시지를 알아들었지만, 유권자들이 절대 동의하지 않을 거라 했다. 유권자들은 먼 미래는 신경 쓰지 않을 것이다. 태어나 지금껏 행정상 즉각적인 결과를 찾는 데 익숙해졌기 때문이다. 선거에서 이기자마자 다음 선거를 준비하는 선거 사이클이 낳은 결과다.

영국에서 들은 우려는 맞는 말이었다. 새로운 지침이 필요했다. 리더뿐만 아니라 우리 모두 **어떻게 해야** 세상은 물론이고 우리의 목적을 다른 데에 둘 수 있는지, **왜** 그렇게 하는 것이 중요한지 전해야 했다. 그래서 나는 청중의 공감을 얻으며 성공을 거둔 TED 강연, 나를 가장 잘 아는 아내,

신뢰를 보내는 친한 친구들의 응원에 힘입어 '롱패스 연구소'를 열었다.

이 연구소는 롱패스라는 사고방식과 행동을 최초로 개인, 조직, 사회에 가져다주는 데 중점을 둔 기관이다. 나는 PBS(미국의 공영 방송. -역자 주), 페이스북, 트위터 등지에서 롱패스를 전하며 커뮤니티에서 더욱 건강한 대화를 나누는 식으로 공감을 키운다면 점차 어떤 세상이 펼쳐질지 호기심을 보이는 리더들의 모습을 목격했다. 그리고 공식적으로 롱패스 연구소를 연 2016년에는 여러분이 지금 손에 들고 있는 책에 실을 내용을 쓰기 시작했다.

나는 이 책을 쓰려고 태어난 것만 같다. 너무 이질적이라 한 사람이 겪을 것 같진 않은 내 경험을 이 책에 담았다. 가만 보면 나는 미래학자지만 기술과 함께 변화하는 미래를 예측하는 대신, 과거 얘기를 꺼내며 말을 시작한다. 가끔은 아주 먼 옛날까지도 건드린다. 또한, 지금 닥친 문제를 다루기 위해 다양한 학문을 한 데 합친다. 신경과학, 진화생물학, 예술, 사회 시스템, 역사, 종교, 심리학 분야에서 접근법을 도출한다. 그리고 인간으로서 가지는 내 능력과 감각을 **모두** 끌어오는 데 공을 들인다. 머리와 체력이 필요한 게 아니다. 자기 통찰, 신뢰, 협력과 함께 비교적 자그마한 행동을 곁들인 너른 하늘과 같은 상상력이 필요하다.

마지막으로 몇 마디만 더 하겠다. 우리는 우리의 삶과 의사결정에 감정, 직관, 경외심을 끌어들이지 않고는 미래를 절대로 논할 수 없다. 또한, 어느 한쪽에 치우치지 않고 앞, 뒤, 안을 모두 살필 수 있는 인간이 돼야 한다. 롱패스 연구소의 마크 중심에 잠자리가 있는 게 이 때문이다. 잠자리는 두 개의 눈이 아니라, 수천 개의 작은 눈으로 한쪽에 치우치지 않고 모든 방향을 잘 볼 수 있다. 이런 시야가 바로 롱패스의 핵심 요소이다.

LONGPATH

롱패스 연구소의 마크

감정: 장기판 위에서 승부를 결정짓는 말

내 친구 미셸의 이야기로 다시 돌아가 보자. 친구는 머릿속으로 계산한 숫자만 가지고 경기장을 짓는 데 쓸 수 있는 친환경적이고 튼튼한 재료를 거부하려 했다. 그러나 이 결정에는 감정이 영향을 미쳤다.

자기가 팀을 망쳤다고 자책하는 일을 피하고 싶지 않았을까? 다수를 위한 장기적인 성과보다 소수를 위해 즉각적인 성과를 밀어붙이는 것 같아 마음 한구석이 불편하지는 않았을까? 미셸은 이런 감정까지 생각해 본 후 원래대로 하는 게 낫겠다고 결정했을 수도 있다. 세상에는 종종 두 가지 선택지 중에서 하나만 정해야 하는 일이 벌어지기 때문이다. 그러나 감정이나 동기를 끌어오는 것을 넘어 **기대기**까지 하는 것은 자연스러운 흐름이 아니었다. 대개 의사결정에서 감정은 잘 처봐야 '관련 없다'는 취급이나 받고 최악의 경우에는 '역효과를 낳는 것'으로 여겨진다. 그리고 그 탓에 오랫동안 우리 곁에서 멀리 밀려나 있었다.

감정이 열외로 취급받는 일은 서양 문화에서 흔히 있었다. 고대 그리스의 스토아학파는 금욕을 규범으로 만들었다. 과학적 방법의 할아버지로 불러 마땅한 아리스토텔레스는 한때 열정을 보고 '온전한 인간이 되는 길을 가로막는 변덕스럽고 위험한 장애물'이라고 했다.

르네 데카르트가 육체와 정신을 분리하기로 결심했던 이성의 시대, 즉 '무엇보다 이성'이라는 인식이 서양에서 공고히 자리 잡았던 계몽주의 시대에 이르러 '감정'은 정말로 사람들 눈 밖에 나는 신세로 전락했다. 데카르트는 **나는 생각한다, 고로 존재한다.** 느끼는 게 아니다, **고로 존재한다!**라고 했다. 이성보다 더 훌륭한 것은 없다고 공공연히 선언한 임마누엘 칸트, 이성의 영역 밖에서 이루어지는 토론을 죽은 자에게 약을 주는 행위와 같다고 보며 묵살한 토마스 페인과 같은 철학자도 있다.

그 시절 이성은 유토피아로 향하는 유일한 길이었다. 과학적 방법의 발전에 중심적인 역할을 한 프랜시스 베이컨은 '사랑하면서 동시에 현명할 수 없다.'고 했다. 다음과 같은 말을 남긴 알렉산더 포프처럼 **시인들**조차 이성 쪽으로 돌아섰다.

자연과 자연의 법칙이 어둠 속에 잠들어 있었다.

그때 신이 '여기에 뉴턴을 놓아라' 하시니 모든 것이 환히 드러났다.

사실, 과학적 진보에 초점을 두고 정량화할 수 있는 것에 더욱 집중하면서 이로운 것들이 많이 탄생했다. 그 덕에 지금 우리가 존재할 수 있다. 계몽주의 시대에 태동한 의학 발전이 없었다면 나는 아마 여덟 살 때 맹장 파열을 이겨내고 살아남을 수 없었을 것이다. 그러나 벼룩 잡겠다고 초가삼간 다 태워버린 감이 없잖아 있다. 감정적인 삶을 향한 존중을 아예 내던진 것이다.

감정 그리고 '감정적인 것'은 없어도 괜찮은 맹장 같은 신세가 됐다. 우리는 사회적으로 봤을 때 공감, 동정, 직관처럼 내면에 있는 여성적인 특성을 억누르는 신념이 녹아든 서양 문화에 길들어 그런 특성을 나약하다고 생각한다. 이 세상의 영웅은 실제든 상상이든 셜록 홈즈, 찰스 린드버그Charles Lindbergh, 나폴레옹 보나파르트Napoléon Bonaparte와 같이 대체로 분석적이고 금욕적이며 언뜻 감정이 없어 보이는 남자들이었다. 게다가, 격한 감정을 보인다면 (거의 여성이었지만)누구나 임상적으로 '히스테리 상태'라고 진단

받았다.(**히스테리아**Hysteria는 '자궁'을 의미하는 그리스어에서 유래했다.) 그러다 대공황과 제2차 세계대전 동안 태어나 집단 차원의 정서적 트라우마를 해소할 길이 없던 사람들을 '침묵의 세대Silent Generation'라고 부르는 지경에 이르렀다. 최근에는 한 미국 마케팅 업체가 '요즘 애들 테스트'를 만들어 심하게 예민한 사람을 입사 시험에서 떨어뜨리는가 하면, '아무도 신경 안 쓰니까 하던 거나 해.'라며 예민한 사람을 공개적으로 비꼬는 범퍼 스티커까지 등장했다.

그러나 우리 앞에 펼쳐진 시대에는 이런 태도가 별 도움이 되지 않을 것이다. 우리가 가진 능력을 모두 발휘하는 게 곧 시대의 요구이기 때문이다. 이 와중에 감정을 무시한다면, 우리는 배터랭Batarang(배트맨이 사용하는 무기 중 하나로, 박쥐 모양의 부메랑. -역자 주)만 들고 총격전에 나서는 배트맨과 다를 바 없다. 원더 우먼이 자신이 가진 무기 중 최고인 '진실의 올가미'와 함께 할 때 아무도 막지 못할 시너지를 일으키듯 우리에게는 감정이 필요하다.

이런 이유로 롱패스는 감정을 다시 전면에 내세운다. 미래를 공상과학 영화처럼 생각하는 것도 멋지지만, 현실에 내놓고 싶은 세상을 그리며 어떤 감정이 들지 느껴봐야 미래를 건설하는 데 추진력을 얻을 수 있기 때문이다.

감정은 이성적인 선택과 협력으로 향하는 지름길이다. 장기적 사고와 행동에 맞춰 모습을 바꿀 수 있으며, 앞으로 펼쳐질 미래를 상상할 때도 꼭 필요하다. 특히, 공감을 통해 다른 사람들의 생각, 감정, 행복까지 인지한다면 우리는 그들 대신 긍정적으로 행동해야겠다고 마음먹게 된다. 이후에 더 살펴보겠지만, 은퇴에 대비해 저축한다는 생각은 그저 생각으로 그칠 확률이 높은 반면, 은퇴 이후 삶이 가져다줄 만족감을 진정으로 느끼고 감지하면 저축이라는 행동을 몸소 옮길 수 있다. 냉철한 이성과 함께라면 배우자와의 말다툼에서 이길 수 있지만, 앞으로 수십 년간 배우자와 어떤 감정을 나누고 싶은지 생각하면 말다툼에서 '이기는 것'이 무엇을 의미하는지 다시 생각해 볼 수 있다.

감정은 롱패스에 필수다. 그래서 나는 이 책에서 여러분에게 몇 번이고 감정을 살피라고 할 것이다. 사실, 감정은 좋은 것도 나쁜 것도 아니다. 그저 생산적으로 현명하게 쓰면 된다.

사실 감정까지 고려하며 미래를 생각할 수 있는 건 엄청난 특권이다. 병치레나 임금 체불 탓에 최소한의 안전도 보장받지 못하거나 억압된 환경에 처해 근근이 살아가는 사람들은 살아남기 급급해 다음 끼니나 곧 있을 학대를 피하는 것 말고는 다른 생각을 할 겨를이 거의 없다. 그들에게는 다음 날을 맞이할 수 있는 결정이 옳은 것이다.

　　그럼에도 불구하고 미래에 영향을 행사할 수 없는 상황에 부닥친 사람들 역시 롱패스를 학습할 수 있다. 대가가 아니더라도 장기 말을 움직여 승리하는 법을 배울 수 있는 것처럼 말이다. 분명, 하루하루 겨우 살아도 가족과 지역사회를 위해 사랑을 보탠 사람들의 이야기가 수없이 많다. 그들은 자신의 감정에 다가가 깊이 파고들어 자신 그리고 앞으로 등장할 세대를 위한 더 나은 미래를 향해 행동에 나선다. 이게 바로 롱패스의 기본이다. 롱패스는 한 사람이나 세대에 그치지 않고 크든 작든 미래 전반에까지 도움이 될 수 있는 시기적절한 지략이자 감정의 회복을 의미한다. 게다가 이런 종류의 이타주의와 공감은 혼돈과 복잡함이 얽힌 지금 같은 시대에 널리 기하급수적으로 영향을 줄 수 있는 잠재력을 가지고 있다.

밀물과 썰물 사이:
지금 우리에게 롱패스가 필요한 이유

2020년, 코로나바이러스가 팬데믹으로 접어든 지 다섯 달이 지난 여름 끝자락에 우리 가족은 마지막까지 고민하다 일주일 동안 여행을 떠나기로 했다. 세 아이가 하루가 멀다고 싸워댔고, 식구들 모두 집 안에서 갑갑함을 견디고 있었다. 이웃집 뜰에 돌멩이가 몇 개며 나무가 몇 그루 있는지 세다가 지쳐 돌과 나무에 이름까지 붙여주던 아이들에게 동네 산책에서 벗어나 자연에 흠뻑 빠질 기회를 안겨줘야 했다. 그래서 마지막 특가로 나왔던 해변 숙소를 발견하곤 곧장 그곳으로 떠났다.

첫날 저녁, 우리 다섯 식구는 바닷물이 밀려오는 데까지 가서 다 함께 서 있었다. 바닷물이 파도와 함께 밀려와 발목을 부드럽게 쓸었다. 바닷물이 도로 밀려나면 발밑엔 모래가 와 있었다. 물가에 서 있어 봤던 사람이라면 다들 알겠지만, 참 신기하다. 서 있는 건 그대로인데 불안정성이 존재한다. 사람은 안 움직이는 것 같지만, 모래는 그렇지 않다. 우리의 내이內耳에서 칼슘 결정체에 싸여 균형감을 관장하는 작은 털 다발인 '타원낭반'이 무슨 일이 벌어지는지, 무엇이 움직이는지 알려주고 있다. 그러나 발을 내려다본 우리 눈앞에 타원낭반이 전해준 장면이 그대로 재생된다는 보장은 없다.

씻겨 내려가는 모래는 긴 안정기 이후에 찾아오는 급속한 변화를 의미하는 '단속평형'을 보여줬다. 그리고 그 모습은 우리 식구가 모두 그해 여름을 어떻게 느꼈는지 알 수 있는 완벽한 상징이었다.

사실, 우리는 과거를 이런 식으로 느낀다. 여덟 살 난 우리 집 막내 기디언도 예전 캠핑, 학교, 놀이 시간, 길고 긴 가족 여행에 새겨진 자기 삶이 사라지고 있다는 사실을 잘 알고 있었다. 아마 더 나은 무언가가 빠르게 빈자리를 채울 것이다. 그런데 정확히 무엇이 와서 채울까?

인간의 역사도 마찬가지다. 항상 변하고 흐르지만, 가끔 한 번에 다양한 면면을 보여주며 폭발하듯 급속히 탈바꿈할 때가 있다. 거대한 역사 속에서 농업 혁명, 중세, 과학 혁명, 계몽주의, 산업 혁명처럼 우리의 행동과 환경의 변화를 나타낼 뿐만 아니라 우리가 인간으로서 생각하고 작동하

는 방식의 기본값을 재설정하기까지 하는 극적인 전환이
일어나는 시기가 있었다. 아, 그리고 지금도 그런 시기다.

나는 이런 흐름의 시기를 밀물과 썰물 사이, 즉 '**조간대**'
라고 부른다. 바닷가에서 조간대란 밀물 때 바닷물 속에 잠
겨있다가 썰물 때는 겉으로 드러나는 중간 지점을 말한다.
우리에게 빗대면 창의성이 차고 넘치기도, 크나큰 위험이
드러나기도 하는 공간이라 할 수 있다.

조간대에서 살아남기 위해 따개비는 자신을 바위에 단
단히 붙여 안정한 상태로 생존하고, 홍합은 껍데기에 바닷
물을 담아 썰물 때도 마르지 않도록 한다. 그러나 모든 생

명체가 그들처럼 끊임없는 변화에 적응하거나 따라잡을 수 있는 건 아니라서, 바닷물이 찼다가 빠지기를 반복하는 조간대는 극한의 생태계다.

우리는 급속히 변하는 조간대의 한가운데에 있다. 주변 어디를 보나 기존에 우리의 생존과 행동을 돕던 방식이 더는 효과가 없다. 전 세계적으로, 미디어, 종교, 정부, 비즈니스, NGO에 걸쳐 복잡한 상호작용이 늘었지만, 신뢰는 역사상 최저 수준으로 떨어졌다.[1] 게다가 기후 변화, 팬데믹, 금융 위기, 파괴적 기술 혁신과 같은 문제가 폭발적으로 발생하며 지역마다 제각각인 지정학적 구조, 시민들과 충돌하고 있다.[2] 이 와중에 2021년에는 전 세계 약 1억 5,000만 명이 중산층에서 그보다 더 낮은 계층으로 무너져내렸다. 1990년대 이후 처음 있는 일이었다.[3] 당연히 다음 세대가 더 잘 살 것이라 예측하던 시절이 있었지만, 이제는 자신과 가족의 형편이 5년 내로 안 좋아질 거라 느끼는 사람들이 점차 늘고 있다.[4]

일하는 방식도 변했다. 미국 노동 인구 3분의 1은 계약직이고, 거의 모든 부문이 자동화되고 있다.[5] 이제 자녀, 손자, 그 이후 세대까지 전해질 유전 부호를 바꿀 기술까지 등장했지만, 정치 기사나 사상적 지도자들이 모인 회담 말고는 그런 기술에 관한 대화를 들어볼 수가 없다.

한편, 새롭고 긍정적으로 생각하고 행동하며 조직하는 방식도 변화하는 추세다. 순환하는 비소비 경제를 지지하는 '바이 낫띵Buy nothing'과 같은 웹사이트, 아직도 무시할 수 없는 백인 우월주의, 식민주의, 가부장제의 유산에 이의를 제기하는 대규모 사회 운동이 등장한 것이다. 연결 고리가 전혀 없는 사람들이 모여 소액 대출, 창의적 프로젝트, 가족 병원비에 쓸 기금을 마련하기도 한다.

그러나 이런 새로운 움직임은 대부분 초기 단계일 뿐이고, 종종 와해되는 걸 보면 급속히 진화하는 시대에 아직은 무너지기 쉬운 형태인 것 같다. 즉, 쉽사리 소멸하지 않는 기존 방식과 완전히 모습을 드러내지는 않은 새로운 방식 사이에 낀 지금 같은 중간 지점은 위태로울 수 있다. 그러나 창의성의 정수를 맛볼 수도 있으며 인간으로서 자신이 누구인지 한계까지 밀어붙이고 싶은 사람들이 돋보일 수 있는 시간이기도 하다.

나는 '도대체 왜 조간대가 특별하며 신경 써야 하느냐?'

는 질문을 많이 받는다. 답은 명쾌하다. 지금 우리가 겪고 있는 이 시기가 바로 조간대이기 때문이다.

산업이나 문화에서 (인쇄기와 포드 자동차의 모델 T의 등장, 시민권의 대두, 냉전 시대의 종말, 인터넷 발명과 같이)자그마한 패러다임 이동이 끊이지 않지만, 대부분 사람들의 삶은 어느 정도 평형을 유지하며 이어진다. 조간대는 패러다임 이동이 고조되고 얽힐 때, 삶에서 복잡함과 혼란이 한계를 넘어설 때, 그리고 인간이 기본 아이디어, 내러티브, 인간이 가진 의미에 의문을 제기할 때 생긴다.[6]

무언가 붕괴한다고 해서 반드시 조간대가 생기는 것은 아니다. 조간대는 (우리 모두 오래 살아서 일어나는)대대적인 인구 성장, 대량 이주, 광범위한 도시화, 극심한 기후 변화, 대량 소멸과 같은 일이 일어나야 생길 수 있는 큰 변화다.

우리는 현재 이 순간을 바라보고 앞서 말한 일이 일어나고 있는지 하나하나 확인해 가며 지금이 조간대인지 파악할 수 있다. **기술**은 일반적으로 모든 것을 바꾸는 큰 변화의 **원인**으로 작용하지 않기에 조간대 체크리스트에 들어가지 않는다. 단지 변화에 적응하고 박차를 가할 뿐이다. 그러나 지금은 예외라고 생각한다. 크리스퍼CRISPR(유전자 가

위라고도 하는 유전체 편집 기술. -역자 주), AI 기반 뇌 임플란트, 인공 자궁과 같은 기술은 **호모 사피엔스**가 의미하는 바를 근본적으로 바꿀 잠재력을 가지고 있다. 우리가 조간대에서 경험하는 것은 약한 진동이 아니다. 지축을 뒤흔드는 지진이다. 아주 어마어마할 것이다. 따라서 이후에 발생하는 일이 전체 종의 운명을 결정지을 것이다.

만약 우리가 조간대에서 번성하는 따개비, 홍합처럼 탁월한 생존 능력을 갖춘다면, 이런 어지러운 순간을 큰 변화가 일어날 확실한 발판으로 삼을 수 있다. 노벨상 수상자이자 복잡계 이론을 주창한 일리야 프리고진Ilya Prigogine은 혼돈으로 가득한 세계가 갑자기 이상할 정도로 질서정연해지며 평형 상태로 접어들 수 있다는 사실을 발견했다.[7] 작은 변화가 큰 영향을 끼칠 수 있는 것이다.

사방으로 흩어졌다 갑자기 우아한 모습으로 한 방향을 향해 질서 있게 모여드는 작은 새들을 생각해 보자. 우리가 오랫동안 따르던 규범과 내러티브에 의문을 품게 되는 조간대는 인간의 사고와 행동이 기하급수적으로 진화할 절호의 기회일 수 있다. 우리는 이 기회를 잡아 혼돈의 순간을 헤치고 인간과 생태계가 모두 번성할 사회를 건설할 수 있다.

그러나 다른 미래가 펼쳐질 수도 있다.

1만 2,000년 전쯤, 최초의 농업 혁명이라는 아주 중요한 조간대가 있었다. 기후가 안정되자 인간이 주변 땅을 일구기 시작하며 한 지역에 정착했고, 곧 최초의 '진정한 문명'이 등장했다. 인간은 적응하며 더욱 복잡하고 발달한 방식으로 살아가고 인식했다. 그리고 이 방식 덕에 컴퓨터처럼 시스템 업그레이드를 경험했다.

농경 시대를 살았던 우리의 조상은 작지만 끈끈한 수렵 채집인 무리에서 얻은 경험(살려면 몸을 계속 놀리고, 먹고, 젖 먹던 힘까지 짜내자!)으로 구축한 세계관에 있다가, 점점 몸을 불리며 규칙, 시스템, (온갖 종교의)지침과 함께 나날이 이어지는 성장을 관리해야 하는 새로운 삶으로 이동했다. **그 시절** 조간대는 생활방식의 진화를 이끌었다.(책상이 빽빽이 들어찬 닭장 같은 사무실을 보고 뭐가 진화했느냐고 따지는 사람이 있겠지만, 나는 페니실린의 발명과 우리 딸이 가질 투표권을 진화의 증거로 본다.)

그러나 조간대라고 해서 늘 더 나은 결과를 보장하지는

않는다. 강력했던 로마 제국이 붕괴했을 때, 서양 문명은 혼돈에 빠졌다. 더 자세히 살펴보면, 혼돈은 이미 시작된 것이었다. 기후 변화를 견디지 못하고 이동한 고트족, 훈족 등 이민족이 침략하기 시작했고, 전염병과 감염병이 삽시간에 퍼져 많은 사람이 목숨을 잃었다. 그런가 하면, 불임(로마 시대에 다양한 용도로 사용되던 납이 로마 시민들의 체내에 쌓여 불임을 유발했다고 함. -역자 주) 때문에 원래 인구를 회복하기 어려웠다. 토양은 제힘을 다했다. 군대가 좀처럼 확장하지 못하자 조공과 전리품도 씨가 말랐다.[8] 그리고 어지러운 시기에 으레 그렇듯 많은 사람이 불확실성 탓에 생긴 공백을 채우기 위해 모두 함께 낙관적으로 나아가자는 강력한 목소리에 귀를 기울였다.

이때, 로마 교회가 발을 들이밀었다. 문명화 관점에서 (신학이 아니라 권력과 정치를 따져)보면, 교회의 통치는 크나큰 퇴보였다. 중세의 시작 무렵에 나타난 이런 쓸쓸한 결말은 조간대가 나쁜 방향으로 흘러갈 때, 즉 사람들이 미래를 같이 일구는 공동 창작자로서 자신의 힘을 전부 발휘하지 않거나 그럴 수 없을 때 찾아온다.

우리는 어디로 나아가고 있을까? 로마 제국의 붕괴를

맞이했을 때처럼 종말을 향해 가는가, 아니면 농업 혁명 때처럼 서로서로 도우려 하는가?

중세가 막을 내린 후, '진보'라고 하는 것에 관해 제대로 알고 활용하면 당대뿐 아니라 미래까지 파악하고 헤쳐 나가는 동시에 예측하고 통제해 우리 발밑에 둘 수 있다는 인식이 퍼졌다. 앞으로 우리는 어떤 이야기를 하게 될까? 심리와 생태를 모두 아우르는 진화한 형태의 포괄적 목표와 함께 미래 세대에게 번영에 필요한 것을 안겨줄 진보적인 이야기를 만들어 나갈 수 있을까? 다시 말해, 더 나은 우리가 될 수 있을까? 미래 세대가 필요로 하는 훌륭한 선배 세대가 될 수 있느냐는 말이다.

롱패스 사고 훈련 1.

지금 나는 어떤 조간대에 살고 있나?

책을 펼쳤을 때 책 주인을 밝히는 장서표가 눈에 띄었을 것이다. 나는 이 책이 세대를 거쳐 오래오래 전해지며 '가족의 참고서' 같은 존재가 됐으면 한다. 대신, 가정용 성경처럼 출생, 결혼, 사망이 아닌 여러분의 가치관, 후회, 열망을 후손에게 전달하는 통로가 되길 바란다.

여러분은 이 책에 등장하는 여러 질문을 보고 책의 빈 공간에 답을 적어 놓을 수 있다. 그런 과정을 통해 이 책을 여러 세대에 걸쳐 참고하는 가족 참고서로 만들 수 있다. 사무실에서 이 책을 읽는다면, 서명해 미래에 여러분 자리에 올 사람에게 남기는 건 어떨까?

조간대의 범위와 규모는 마음으로 느끼기는커녕 머리로 헤아리기에도 어려울 수 있다. 범위를 약간 좁혀 삶에서 과거, 미래, 또는 그사이의 주요 변화를 생각해 보자. 자녀의 탄생, 새로운 도시로의 이동, 사고, 큰 병, 중요한 사람의 죽음이 떠오를 것이다.

그동안 알고 있던 세상이 뒤바뀌었을 때 어떤 기분이 들었는가? 얼마나 오랫동안 부정하거나 회피했나?

바뀐 세상과 여러분의 위치에 새롭게 적응하는 건 쉬웠을까, 아니면 어려웠을까?

무엇을 버렸고, 무엇을 발견했는가?

저항하고 싶지는 않았나? 두려움이나 흥분을 느꼈는가? 그도 아니면, 고통, 즐거움, 또는 좌절이 밀려들었나? 동시에 똑같이 사실인 것 같은 모순적인 감정이나 아이디어를 경험해 본 적은?

대처할 때 무엇이 도움이 되던가? 사람들은 여러분에게 무슨 일이 있는지도 모른 채 '전문가의 조언'을 전하려고 했는가?

모든 격변이 결국 새로운 패턴과 습관으로 자리 잡았는지 궁금하다. 새로운 규범을 스스로 정했는가? 그 '새로운 규범'의 덕을 보고 있나? 주위 사람들은 어떤가? 과거로 돌아가 처음부터 다시 한다면 더 잘할 수 있을 것 같은 일이 있는가?

이제 여러분이 아는(그리고 모르는) 사람이 (받아들이려 하지 않더라도)다들 동시에 삶에서 주요 사건을 겪고 있으며, 그들의 대처가 잔물결을 일으켜 미래 세대를 위한 무대를 준비한다고 상상해 보자. 맞는 말 아닌가? 이게 바로 조간대다.

미래를 위한 더 나은 선택

우리는 지금 다들 맨발로 어찌해야 좋을지 모른 채 조간대에 서 있다. 앞에는 두 갈래 길이 나 있다. 하나는(난 좀

빼줬으면 하는!) 단기적으로 반응하려는 자아를 채우는 길이고, 나머지 하나는 (지금은 어려워도 잘 익혀두면 현재와 미래에는 편해질)장기적이고도 공감할 줄 아는 사고를 채우는 길이다.

전자는 공포 반응의 중심인 편도체Amygdala, 뇌 보상체계의 일부인 도파민Dopamine과 같은 신경전달물질을 통제하는 뇌 둘레계통Limbic system이 관여한다. 그래서 우리는 위협 앞에 아드레날린이 솟구쳐 오르는 느낌을 받고, 휴대전화 알림이 울릴 때마다 내용에 상관없이 파블로프의 개 (러시아의 생리학자 이반 파블로프가 실시한 실험에서 나온 개념. 개에게 먹이를 줄 때마다 종을 울리는 것을 반복하면, 나중에는 개가 종소리에도 침을 흘린다는 것. -역자 주)처럼 놓치지 않고 챙겨보고, 기후 변화와 같은 큰 문제를 보고 우리가 일상에서 내린 사소한 결정 때문인가 하고 연관 지으려 하는 것이다. 이러한 단기적 사고도 필요하지만, 항상 그런 것은 아니다. 작전 타임처럼 적절히 활용해야 한다.

후자는 투쟁 도피 반응과 묶인 뇌가 협력, (미래를 생각하는)전망과도 연관됐다는 인식과 함께한다. 인간은 대개 사회적이고 협력하는 환경에서 번성하며 미래 시나리오를 구상해 준비할 수 있다. 협력과 전망은 우리에게 초능력이다. 그 이면에 있는 공감과 장기주의Long-termism라는 결이 다른 패턴 덕에 우리는 무엇을 원하고, 앞으로 어디에 어떻게 갈지 상상하며 그에 관해 대화를 나눌 수 있다.

주어진 초능력을 발휘하려면, 어디에 있으며 어떤 존재가 되고 싶다는 토대와 비전을 바탕으로 모두를 아우르는 민주적인 새로운 이야기가 필요하다. 현재 우리 문화는 재빨리 반응하는 것을 더 중요하게 생각하지만, 이런 방식에는 분명한 최종 목표가 없다.

'전체'라는 더 큰 개념에서 우리 그리고 동료 인간, 미래 세대, 다른 존재의 역할을 다시 그리기 위해 자문해야 한다. 우리는 어디로 향하고 있는가?

나는 종종 성경 속 출애굽기에 등장한 '거룩한 땅'이라는 상징을 생각하며 답을 찾는다. 이집트에서 탈출한 히브리인들은 사막을 헤맸지만, 젖과 꿀이 흐르는 거룩한 땅이 모습을 드러낼 거라는 비전과 함께 계속 발걸음을 옮겼다. 우리의 거룩한 땅은 어디에 있으며 무엇일까? 어떤 **장소**에 불과할까, 아니면 살아가는 방식이기도 할까? 우리는 몰살

이 아니라 원하는 미래를 위해 이 질문의 답을 찾아 함께 해야 한다.

더불어, 앞으로 어떤 존재가 되고 싶은지 부단히 생각하며 미래 비전에 집중해야 한다. 그것은 바로 우리가 매일매일 행동하며 이 세상에 퍼뜨리는 사회 친화적이고도 세대를 아우르는 생존 방식이며 감정을 적용하는 방식이기도 하다.

우리는 행동과 결정을 통해 다른 사람들과 이 세상에 의미와 목적의식을 서서히 스며들게 할 수 있다. 내게는 아이가 셋 있다. 루비, 일리아나, 기디언이다. 세대별 아동 인구 평균치를 추정하면 200년 후에는 내 후손이 8,000명가량 있을 것이다.[9] 대충 추정한 내 후손 8,000명은 내 일부를 품고 저마다 세상에 뭔가 이바지할 것이다. 내가 화요일 밤에 집에서 한 말이나 행동이 2154년 화요일 밤에 먼 후손이 할 일을 직접 지시한다는 말이 아니다. 그러나 가까운 미래는 물론이고 먼 미래를 형성하는 데는 일상 속 말과 행동이 중요하다.

나는 우리 아이들이 결정을 내리고 다른 사람과 상호작용할 때 참고하고 흡수할 중요한 가치관, 사고 과정, 스트레스 반응, 커뮤니케이션 기술, 문제 해결 방식을 넘겨줄 것이다. 큰 그림을 생각하면, 내가 아이들에게 보이는 모습부터가 중요하다.

마찬가지로 투표 방식과 소비 습관, 거실에서 회의실 그리고 상황실에 이르기까지 우리가 내리는 결정이 중요하다. 우리 모두 친구, 동료, 심지어 낯선 이와의 만남에서 어떤 모습을 보이는지도 중요하다. 다른 사람을 보고 인사하는 방식, 배우자와 말다툼하며 대응하는 방식, 내면의 목소리에 귀를 기울이는 방식까지도 현재에 그치지 않고 수천 년 후에 있을 사람들에게 영향을 미친다.

나비 한 마리의 날갯짓이 수천 킬로미터 떨어진 곳의 날씨에 큰 영향을 줄 수 있다는 '카오스 이론'에 대해 들어봤을 것이다. 오랜 시간에 걸쳐 사람도 작은 행동을 통해 똑같은 일을 일으킨다. 그러니 행동에 신경 쓰도록 하자.

결국 우리가 내리는 결정이 중요하다. 편도체에 끌려다니며 현재의 생활방식을 여실히 보여주는 단기적 사고와 행동에 머무르고 싶은가? 즉, 남들 눈치 안 보고 내키는 대로 살고 싶은가?

이런 질문을 들으면 현재 방식에 머무른 채 마음대로 살고 싶다고 할 사람이 일부, 아니 실제로 많이 있다. 그들은 인류 전체가 마주할 종착지를 그다지 신경 쓰지 않는다. 이미 세상에 없을 테니까 말이다.

나는 그런 사람들에게 악감정도 없을뿐더러 딱히 그들을 위해 이 책을 쓴 것도 아니다. 이 책은 결점투성이인 인체를 업로드해 클라우드에만 있는 AI에 가까운 존재로 바꾸고 싶은 사람들에게 어울릴 것 같지 않다. 사실, 우리가 완벽하지 않은 건 결점과 감정이 있고 가끔 뾰루지도 나기 때문이다. 만약 우리가 AI처럼 완벽하다면, 무슨 재미가 있을까?

대부분의 사람들은 서로 연결되고 싶어 하고, 그래서 미래 세대를 더욱 소중하게 여긴다. 아무리 완벽하다 해도 AI처럼 파편으로 존재하고 싶어 하지도 않는다. 대신, 훨씬 더 큰 무언가에 소속감을 느끼고 싶어 한다. 실제로 그런 느낌을 받아야 삶의 만족도가 올라간다는 연구 결과가 있다. 132개국에서 실시한 한 연구에 따르면, 큰 의미를 좇을 수록 종교를 가진 사람들의 비율이 높았다.[10]

그러나 종교는 인기를 잃은 지 오래다. 설문에서 '종교가 없다.'고 표시한 사람들의 비율이 역대 최대 수치다. 청년층(18~24세)의 절반 가량은 종교적으로 어떤 믿음도 없었다. 그러나 '믿음이 없는' 사람들까지도 의미와 인생의 큰 문제를 두고 저마다 질문거리를 가지고 있었다. 문제는 모두에게 공유된 틀이나 신의 말씀을 담은 책이 없을 때 윤리와 목적 같은, 보다 큰 개념을 이해하고 처리하는 데 어려움을 겪는다는 것이다. 그렇다면, 더 큰 그림 속에서 우리의 역할을 이해하려면 어디에 기대야 하는 걸까?

롱패스는 믿음이 있든 없든 모든 사람 사이에 공유되는 이야기가 될 수 있다. 사회가 의식적으로 진화할 수 있는 틀, 즉 우리 자신을 파악하고 더불어 훨씬 더 큰 내러티브 속에서 바라보는 방식이 될 수 있다. 게다가 불안한 시대가 이어지는 동안 위안과 함께 심리적 안정감을 줄 수 있다.

롱패스는 여러분이 오늘날은 물론이고 미래 세대에까지 양분을 전해줄 새로운 버전의 '젖과 꿀이 흐르는 땅'을 집단 측면에서 상상하도록 돕는다. 그리고 바로 지금 그곳을 향해 여정을 시작할 수 있게 해 목적의식까지 심어준다.

또한 의미 있는 삶을 살 수 있도록 유도해 다른 사람과의 접점을 만들어 준다. 지금 이 순간을 어떻게 살아가느냐가 중요하기 때문이다. 이는 오늘, 내일, 그리고 수천 년 후에도 중요하다.

롱패스를 실천하려면 다시 배워야 할 것들이 있다. 지금까지 해온 방식이 있다고? 다음 장에서 살펴보겠지만, 그 오래된 방식을 고집해 봐야 더는 소용없을 것이다.

2장

변화

기존 방식이 더 이상 작동하지 않는 이유

우리 세대의 가장 큰 혁명은
인간이 내면의 태도를 바꿔
삶의 외적 측면을 바꿀 수 있다는 사실을
발견한 것이다.

윌리엄 제임스William James
전 하버드대학교 심리학과 교수

내가 유럽연합부터 페이스북까지 주요 기관의 컨설턴
트로서 사람들과 함께 앉아 "미래에 관해 얘기해 봅시다."
라고 운을 떼우면 많은 경우 이런 대답이 돌아온다.

　"좋습니다. 훨씬 앞을 내다볼 생각입니다. 8개월 후는
어떨까요?"

　이런 사람들을 보고 좀 심하다고 생각할까 봐 이야기해
두는데 깊이 파보면 이들의 반응이 꽤나 일반적이라는 사
실을 알게 될 것이다.[1] 이 사람들은 단기주의Short-termism,
즉 빠른 해결책과 보상을 찾으려는 충동을 보상하는 시스
템 속에서 사는 인간일 뿐이다.

　대부분의 사람들은 단기주의에 빠져있다.

　여러분이 집을 사려고 둘러보고 있다고 해보자. 중개업

자의 안내를 받아 잘 꾸며졌고 학군까지 좋은 새로운 개발 단지를 본다. 넓게 펼쳐진 뜰과 위풍당당한 현관에 마음을 빼앗기고, 이런 집을 살 여유가 있다는 사실에 마냥 행복하다.

그렇게 계약을 마치고 이사했지만 몇 년 뒤, 큰 폭풍이 불어닥쳐 집이 침수 위기에 처한다. 여러분은 물이 들어차는 곳에 정신없이 모래주머니를 쌓는다. 그러나 문제를 해결하려면 더 깊이 생각해야 한다. (애초에 왜 허가가 난지 모르겠지만)집이 범람원 위에 지어졌을 수도 있고, 아니면 전 세계적인 온난화 탓에 지금뿐만 아니라 내년에도, 아니 수십 년간 계속 폭풍이 몰려와 위험에 빠질 수도 있다. 그래도 모래주머니 덕에 이번 침수를 무사히 넘기면 다음 폭풍이 몰아칠 때까지 문제를 잊고 산다.

나는 나를 비롯해 여러 사람이 어디서나 보이는 이런 행동을 '샌드백 전략'이라고 부른다.(기디언, 후식 먹고 싶으면 브로콜리 먹어라!, CEO님, 자사주를 매입해 주가를 높이시죠. 그러면 두둑한 보너스가 따라올 겁니다. 장기적으로 직원들을 위해 무슨 투자를 해야 할지 알 게 뭡니까!)

이 시나리오는 우리에게 불리하게 작용하는 단기주의

의 여러 모습을 잘 보여준다. 우리가 인간으로서 마주하는 장애물들은 신경전달물질과 함께(이런 번쩍이는 아름다운 집에서 산다면 행복할 거야!), 사회 인식과 함께(성인이니까 집 하나는 장만해야지.), 그리고 우리가 만들어 놓은 체제와 함께 (이 동네 학군이 좋으니까 여기 살면 아이 성적이 오르겠지.) 생긴다. 그러나 여러분은 돈을 마련해 주택을 구매하면서도 눈에 띄지 않는 이런 모든 생각을 알아채지 못했을 것이다.

사실, 의사결정의 80~95퍼센트가 이런 식으로 일어나기 때문에 우리는 어떤 일을 하기 전에 단기주의가 작용한다는 사실을 알아둬야 한다.[2] 그러나 단기주의는 사람들의 이목을 끄는 논란거리까지는 아닌 것 같다. 단기주의를 뿌리 뽑자고 가두시위를 하는 일도 없고, 손목에 밴드를 차고 롱패스 정신과 함께한다는 것을 보여주는 사람도 없다. 게다가 롱패스를 대의로 삼을 유명 인사도 없을 것이다. 다들 이런저런 이유로 롱패스를 저버린 채 살아가고 있는 상황에서 '위선자'라는 말을 들으려 하지 않을 테니 말이다.

그러나 이번 장부터 서술할 내용처럼, 우리는 단기주의와 대결을 펼치거나 더 나은 미래를 만들어 나가기 위해 완벽할 필요는 없다. 결점이 있어도 더 나은 인간이 되기 위해, 더 나은 인류를 만들기 위해 싸울 수 있다.

과거의 방식이 되어버린 단기주의

우리의 생각이 짧은 데는 이유가 있다. 우리는 '지구를 물려받아 자연을 지배할 것'이라는 내러티브가 지배하는 시대에 살고 있지만, 기본적으로 한 사람 한 사람이 모두 유인원에서 진화한 결과이기 때문이다. 따라서 장기적인 사고를 하고 그에 따른 행동을 하려 할 때 생물학적 한계가 따른다. 이런 사실을 알고 나면 본능을 조금이나마 파악할 수 있고, 고대부터 내려온 단기적 사고라는 습관을 극복하고 새로운 사고 과정을 키우기 시작할 때 무엇을 해야 하는지 알 수 있다.

오늘날을 사는 인간들의 몸에는 그 옛날 수렵과 채집으로 생존하던 조상들로부터 받은 본능과 같은 단기주의가 배어있다. 여러분이 3만 년 전에 살던 원시인이라고 가정해보자. 며칠을 굶었는데 주렁주렁 과일이 열린 나무를 본다면, 두어 개 정도 먹고 '나중에 열매가 더 많이 열리면 그

때 배불리 먹어야지.'라고 생각하기 어려울 것이다. 이런 상황에서 배 속에 담을 수 있는 만큼 집어삼키는, 단기주의적인 행동을 하는 것은 당연하다. 눈앞에 있는 것을 바로 이용해야겠다는 본능 때문이다.

이와 같이 단기주의가 악랄하기만 한 것은 아니다. 문제는 우리가 내일의 우리 그리고 미래 세대를 희생하며 매일같이 일상에 단기주의를 적용하는 유인책을 놓기 시작할 때 발생한다. 게다가 현대의 단기주의는 조간대 탓에 고조된 단기적인 충동을 등에 업고 불어나기까지 한다. 이런 혼돈의 시대에는 붕괴가 뒤따른다.

우리는 통제력을 잃었다 느낄 때 즉각적인 안전을 찾으려 한다. 안정감을 느끼고 싶어 하는 것이다. 그래서 1분 1초라도 빨리 안정감을 주는 해결책을 선호한다. 호랑이에게 쫓기는 상황이라면, 멈춰서서 '호랑이가 쫓아올 때 해야 할 일'이라는 책을 읽는 대신 재빠르게 달리는 쪽을 택할 것이다. 그렇다. 초원 한가운데에서 과일 열매를 보면 몽땅 집던 기억이 우리의 모든 결정에 관여한다.

단기주의 성향은 더 심해지고 있다. 우리가 조간대뿐만 아니라 현재주의(과거는 더는 존재하지 않고, 미래는 아직 다가

오지 않았기 때문에 오직 현재만이 존재한다는 생각. -역자 주)
라는 쳇바퀴 속에 갇혀있기 때문이다.

어쩌다 나와 이웃에 살며 친구 사이까지 된 더글러스 러시코프Douglas Rushkoff(뉴욕대학교 퀸스칼리지 미디어이론, 디지털경제학 교수. -역자 주)는 다양한 주제와 함께 단기주의 현상에 관해서도 글을 쓴다. 팬데믹이 장악한 여름, 동네 사람들이 가만히 앉아 서로의 뜰만 바라보는 동안 그는 나와 같이 앉아서 아이들을 위해 같이 쓰려고 설치한 간이 플라스틱 수영장이 우리의 문명보다 더 오래갈지, 아니, 애초에 그 수영장을 사서 종말을 앞당긴 건 아닌지 초조해했다.

그에 따르면, 현재주의는 미래주의 이후에 등장한다. "성장에 중독된 채 다음에 무엇이 등장할지 생각하며 한 세기 이상을 미래에 기대 보낸 곳에서 이제 우리는 '지금 여기', 즉 현재를 강조하는 시대를 살고 있다."[3] 그가 말하는 '현재'는 지금 여기에 있다는 불교 교리를 말하는 게 아니라, 거울의 방에 들어간 것처럼 모든 것이 **동시에** 그리고 **지금** 일어나며 역사도 미래도 없는 상황을 말한 것이다. 현재주의는 우리에게서 진정 새로운 세상, 다른 내일을 상상하는 능력을 은밀히 빼앗아 간다. 과거나 미래는 없고 그저 지금만 있을 때, 우리는 현실에 안주하게 되고 **현재**를 수용하면서 '자신의 미래 모습'을 그리는 능력까지 잃고 만다.

러시코프의 말대로 아날로그시계와 디지털시계를 비교하면 잘 알 수 있다.

아날로그시계를 보면 하루 24시간이 눈앞에 펼쳐진다. 6시부터 9시까지 시간이 어떻게 흘러가는지 보인다. 초침이 째깍째깍 소리를 내며 조금씩 앞으로 나아가는 모습도 보인다. 그러나 디지털시계를 가지고 있으면, 지금 당장 정확한 시간만 알 수 있다. 더 큰 세상의 일부가 아니라 그저 시간 **그 자체**만 보이는 것이다.

이런 시각이 가져오는 결과는 참 안타깝다. 앞이 있는

데도 보지 못한다. 시간이라는 거대한 체계 속에서 우리가 작은 입자에 불과하다는 사실을 모르고 살게 한다.

기술이 윤리에 얽매이지 않고 급속히 발전할 때 현재주의가 팽배해지고 우리의 단기적인 성향 역시 강해진다. 학교와 성적을 예로 들어 보자. 나는 어렸을 때 1년에 두 번 우편으로 성적표를 받았고, 성적표를 보며 학업을 주제로 부모님과 대화를 나누다 피자집에서 기념으로 저녁 식사를 했다. 우리 부모님은 일일 과제나 퀴즈 점수에 관해서는 아무것도 몰랐지만, 내가 스스로 내 갈 길을 찾을 똑똑한 아이라는 것을 알았고 나를 좋은 인간으로 키우려 노력했다.

이제는 그레이드 트래커Grade tracker와 같은 애플리케이션이 있어 나 말고도 많은 부모가 자녀가 숙제를 제출하지 않았다는 알림을 받는다. 학생들은 자신의 성적 추이를 실시간으로 볼 수 있다. 이 디지털시계의 전형은, (인성이 바른 아이로 키우고 있냐는)큰 그림이자 장기적인 문제를 (왜 우리 애가 수학 퀴즈를 이렇게 못 맞췄느냐는)즉각적인 반응으로 바꿔버린다.

우리 딸 루비, 일리아나와 같은 아이들은 성적 말고도 실시간으로 사회적 인정을 받고 있다. 청소년들이 스마트폰을 꼭 쥐고 누군가 자신을 사진에 태그했다거나 자기가 올린 포스트에 '좋아요'를 눌렀다고 알려주는 '딩동' 소리를 기다리는 모습을 봤을 것이다. 그런 행동이 아이들의 뇌, 사고, 행동에 어떤 영향을 주고 있을까? 뇌를 스포트라이트로 생각한다면, 그 스포트라이트는 주위로 90~120센티미터 정도만 비추고 있을 것이다.

오래된 힌두 우화 한 편이 떠오른다. 한 남자가 길에서 잃어버린 열쇠를 찾고 있었다. 그 모습을 본 지나던 사람이 열쇠를 어디에서 잃어버렸는지 묻자 남자는 "집에서 잃어버렸다."고 답했다. "집에서 잃어버린 열쇠를 왜 길바닥에서 찾고 있냐?"는 물음에 남자는 이렇게 답했다고 한다. "집안은 컴컴해서 아무것도 안 보이거든요. 여긴 환하니까 뭐든 잘 보이지 않겠어요?"[4]

황당하게 들리는 이 이야기는 단기주의에 빠져 살고 있는 우리에게 깨달음을 준다. 청소년들은 자신이 누구인지, 어떤 존재가 되고 싶은지 생각하지 않는다. 그저 빛이 있는 곳에 머물 뿐이다. 그들은 곁에 있어 줘야 할 친구에게 말을 걸지 않는다. 대신 그 친구가 틱톡TikTok에 포스팅한 슬픈 얼굴을 한 이모지에 공감 버튼을 누른다. 머지않아 그들은 슬픈 얼굴이 **실제로** 어떻게 생겼는지, 얼굴을 보고 슬픔을 어떻게 읽어내는지 잊고 말 것이다.

게다가 '딩동!' 하는 소리에 치솟은 도파민에 중독돼 알림 소리를 더 많이 들어야 만족하게 된다.[5] 뇌가 계속해서 다음 자극을 기다리고 있는 것이다.

농업 사회에 살았던 인류의 조상들은 우리가 어떤 존재가 될지 몰랐을 것이다. 조산사 낸시 바닥이 '원예의 시간Horticultural time'이라고 명명한 당시의 시간 개념은 계절과 일출에 의존했다.

산업혁명이 있고 나서야 사회에 정확하고 예측 가능하며 효율적인 '기계의 시간Machine time'이 도입됐다. 이 시대를 살던 사람들은 시계를 맞추고 시간에 맞춰 기차에 탔다. 우리의 조부모님이 살던 그다음 시대는 소비자의 주의력이 얼마나 지속되는지 따지며 다시 한번 시간을 달리 측정하는 법을 배웠다.

이기적인 목적을 달성하려 인간의 마음을 조작해 단기

적인 성향을 증폭하는 특정 기제를 발견한 것은 20세기의 일이었다. 1950년대, 전쟁을 겪고 성장과 번영을 맞을 만반의 준비를 한 미국에 문제가 하나 있었다. 귀환하는 군인들과 그들의 배우자는 모두 어린 시절에 전쟁과 함께 닥친 대공황을 겪은 세대였다. 그래서 씀씀이가 헤프지 않았고 삶 자체가 절약이었다. 군인들이 유럽에서 돌아오던 시기, 에드워드 버네이스라는 인물이 혜성처럼 나타났다. 'PR의 아버지'라고 불리는 그는 인간이 그다지 이성적이지 않다고 주장하며 그들이 무엇을 하고 있는지 알면 쉽게 조작할 수 있다고 생각했다.(흥미롭게도, 그는 지그문트 프로이트의 조카다.) 그리고 1920년대에 일찍이 군중 심리학과 선전을 사용하며 소속감, 안전함 등 우리의 가장 기본적인 본능을 이용해 고객사에서 생산하는 담배, 일회용 컵의 수요를 높이는 방법을 터득했다. 멋쟁이라면 담배 하나쯤은 입에 물어야 했고, 세균 전파를 막는 안전한 방법은 일회용 컵을 사용하는 것뿐이었다. 버네이스는 이런 욕구를 파고드는 캠페인을 만들어 충동구매를 부추겼다.

미국 광고 업계는 군인들과 배우자에게 비싸디 비싼 캐딜락Cadillac 자동차나 텔레비전 세트를 사도 무책임한 게 아니라고 설득하기 위해 버네이스를 계기로 알려진 군중 심리학을 이용했다.(그리고 광고가 늘어 산만해졌다.)

미국산 제품을 구매하는 건 나라를 위한 의무였다. 이런 접근법은 우리 인간이라는 종이 집단으로 가진 단기적 쾌락에 작용했음은 물론이고 소속감이라는 진화적 욕구까지 자극했다. 즉, 먼 옛날 조상이 밤에 부족 사람들과 함께 동굴에서 몸을 누이고 싶었던 것처럼 당시 사람들은 인정받고 안전함을 느끼려면 캐딜락을 사야 할 **필요**가 있다고 느꼈다. 그 결과 탄생한 '소비자본주의'는 안전이라는 우리의 기본 욕구를 이용해 우리에게도 지구에도 필요 없는 온갖 물건과 라이프스타일에 수요를 유발한다.

지난 세기의 소비문화를 보면, 전체 시스템 속에서 우리가 어떤 역할을 하고 있는지 파악하기 쉽지 않다는 게 안타깝다. 이는 설계의 일부다. 소비자본주의는 시스템에서 우리를 능숙하게 떼어내고 그런 단절 상태에 의존한다.

여러분은 드라이브스루로 햄버거를 주문할 때 소, 가공육 공장, 공장 노동자가 처한 갑갑한 상황을 쉽게 알 수 없다. 햄버거 판매 업체가 의도적으로 이런 골치 아픈 이야기는 감추기 때문이다. 대신, 잘 나가고 매력적인 사람이라면 친구와 편히 시간을 보내다 허기가 졌을 때 적당한 가격에 육즙 가득한 버거를 덥석 문다는 이야기를 접한다. 이런 스토리와 함께 더 많은 지역으로 상품을 유통해 판매량을 늘리려 하고, 여러분이 실제로 그 제품을 원한다고 믿게 하려고 투자도 늘린다.

이미 다들 아는 것처럼 '일단 사고 보자'는 인식에는 문제가 많다. 실질적으로 우리가 생산하는 모든 물건을 둘 공간도, 생산에 필요한 자원도 없다. 전 세계 인구가 10억 명에 도달하는 데는 20만 년이 걸렸지만, 70억 명에 도달하는 데는 200년으로 충분했다.[6] 지구가 계속 팽창한다면 이렇게 성장해도 괜찮다. 그러나 사실은 다르다. 우리는 물리적 한계를 거스르고 있다.

매년 기준만큼만 쓰면 자원을 재생할 수 있지만, 우리는 대개 한여름쯤이면 할당량을 다 써버린다. 은행 계좌로 치면 인출은 엄청나게 해놓고 입금을 쥐꼬리만큼 하는 것이다. 왜 그럴까? 우리가 단기적 목표에만 집중한 나머지 그것이 **정말** 원하는 것인지, 우리의 최종 목표가 무엇인지 같은 기본적인 질문을 하지 않기 때문이다.

단기적 성향에서 벗어나는 법

내가 다니던 중학교에는 거짓말 조금 보태 매일 술 한잔 하고 출근하는 게 분명한 정원사 아저씨가 있었다. 아저씨는 기계를 가지고 미식 축구장과 축구장 전체를 돌며 잔디를 깎았지만, 질서정연한 법이 없었다. 될 대로 돼라는 식이었다. 이어폰을 끼고 기계를 밀며 춤을 추고 있었을까? 우리를 방해하려 한 걸까? 아니면 도형을 그려 외계인에게 상징이나 신호를 남긴 걸까? 잡초 뽑기도 마찬가지였다. 아저씨는 한쪽만 공략하고 나머지는 아예 신경을 껐다.

세월이 지나 나는 일본 교토의 유명한 절인 금각사에서 온 일본식 정원의 대가에게서 가르침을 받을 기회가 있었다. 친구들과 나는 그를 도와 발보아 공원에서 큰 정원 단지를 꾸몄다. 그때 대가는 우리가 600년 된 기술을 전부 동원해서 작업할 거라고 말했다. 주 도구는 우리의 두 손이었다. 나는 몇 시간 동안이나 돌을 배열하며 잔물결과 물의 흐름을 나타내려 했다. 10센티미터 정도 되는 돌을 집어들 때마다 어떻게 놓는 것이 좋을지 고민에 고민을 거듭했다. 다음 날은 샌디에이고에 어울리지 않게 비가 그칠 줄 모르고 거세게 내렸다. 당연히 작업은 쉴 것으로 생각했지만 예상과 달리 대가는 우리를 불러냈다. 그리곤 빗물이 고이고 흐르는 모습을 관찰하라고 하셨다. 그래야 작업을 왜 하는 것이며 어떻게 해야 할지 이해할 수 있다는 것이었다.

내가 살면서 만난 이 두 명의 정원사는 참 대조적이다. 중학교 시절 정원사 아저씨는 일에 집중하지 않았고 **의도**라는 게 없었다. 교토에서 온 대가는 모든 행동에 의도가 있었다.

내 생각에 뇌를 비유하는 데 정원이 최고다. 우리는 몸에서 가장 복잡한 기관인 '뇌'를 어떻게 가꾸는 정원사가 될지 선택한다. 잔디가 제멋대로 자라게 내버려 둘 수도, 잡초와 꽃을 구분해 잡초만 부지런히 의도적으로 제거할 수도 있다. 잔디 깎는 기계를 되는대로 밀고 다닐 수도, 건강한 열매를 키우기 위해 가지치기를 할 수도 있다.

사시사철 꽃이 피고 열매가 열리는 아름다운 정원을 갖고 싶다면 장기적 관점에서 계획을 세우고 정성껏 정원을 가꿔야 한다. 마찬가지로 롱패스를 생각하는 뇌를 가지고 싶다면, 뇌라는 정원에서 의도를 가지고 잡초를 뽑고 비료를 뿌려야 할 것이다.

의도를 가지고 생각하고 행동하는 방식 3단계를 연습해 보자.

1단계. 주의를 기울이자. 자기 계발의 대가, 현자, 성직자, 요가 강사들의 말처럼, 잘 모르고 하는 일이 대단히 강력한 습관으로 자리 잡기 전에 무슨 일이 일어나고 있는지 살펴보자. 이메일을 계속해서 확인하거나 정크 푸드를 과하게 먹을 때, 기분이 어떤가? 다른 사람들과의 관계에는 어떤 영향이 있을까? 여러분은 더 낫고 진화한 인간상을 퍼뜨릴, 보다 나은 진화한 인간에 가까워질까? 아마 아닐 것이다.

2단계. 더 나은 일을 할 수 있다고 믿자. 인간은 선할 수도 악할 수도 있지만, 스스로 인정하는 것보다 선을 더 많이 베풀 수 있다는 증거가 점차 늘고 있다. 예전만 해도 우리는 성인기 이전에 뇌의 성장과 변화가 모두 끝난다고 생각했지만, 이제는 뇌가 언제든 변한다는 사실을 안다. 게다가 뇌를 원하는 모습으로 바꿀 수도 있다.

대중들 사이에서는 뇌의 신경가소성Neuroplasticity에 관한 최신 신경과학 연구에서 영감을 얻어 성장 마인드셋을 설파하는 캐럴 드웩Carol Dweck의 연구가 뇌를 바꾸는 데 있어 인기 있는 이해 방식이다. 드웩은 '나는 수학을 못 해.'라고 생각하는 대신, '**아직은** 수학을 잘하진 않아.'라고 생각해야 한다고 했다. 두 번째 말과 같은 사고방식을 받아들이면, 수학을 잘하는 방향으로 향하는 길의 시작점에 선 것과 같다.[7] 우리 인류도 마찬가지다. 우리는 미래 세대를 돌보는 평화롭고 자애로운 생물 종이 **아직은** 아니다. 그러나 **될 수 있다**고 생각하면 **실제로 더 나은 존재**가 되는 길로 접어들 수 있다.

3단계. 이제 모두 함께 롱패스 자아를 키우자. 먼 미래를 생각하는 인간이 **될 수 있다**고 결심하는 것도 좋지만, 그런 모습을 실현하기 위해 발 빠르게 움직여야 하기 때문이다.

롱패스는 우리에게 사회 친화적 감정인 공감, 감사, 존경과 같은 능력을 강화할 것을 요구한다. 이런 '근육'을 강화하면, 과거, 현재, 미래를 더 깊이 생각하고 느낄 수 있고, 시간의 흐름 속에서 우리의 위치를 알 수 있으며, 아직 태어나지도 않은 미래 세대를 돌보게 된다. 과학계에는 사회 친화적 감정을 계발하는 방법을 연구하는 위대한 지성이 많다.

그런 흐름의 맨 앞에는 긍정 심리학의 아버지로 불리는 마틴 셀리그만Martin Seligman이 있다. 그는 오랫동안 사람들이 비참해지는 경로에 대해 연구한 뒤 '문제를 해결하는 대신 사람들을 강력하게 만드는 특성을 찾아 강조하고 계발하자.'고 주장했다. 또한, 문제를 교정하는 것뿐만 아니라 우리 인간을 더 나은 존재로 만드는 행위를 권장하는 게 심리학의 역할이라고 말한다.

노스웨스턴대학교 사회적 감정 연구소 소속의 데이비드 데스테노David DeSteno, 스탠퍼드대학교 사회신경과학연구소 소장 자밀 자키Jamil Zaki와 같은 연구자들은 각자 위치에서 최선을 다하며 사회 친화적 감정이 계발할 수 있는 기술임을 보여준다.

데스테노는 이렇게 말했다. "사회 친화적 감정은 영적 전통에 따라 악(즉각적인 쾌락을 향한 욕망)과 반대에 있는 선(미래를 바라보는 자세)을 키우는 데 수천 년간 사용됐습니다. 이제는 선을 키우는 타고난 능력을 지닌 채 과학을 통해 실제로 우리의 행동을 바꾸는 것까지 보여주고 있죠."[8] 데스테노가 몸담은 연구소는 우리가 명상 수행을 통해 의도적으로 주의를 기울여 동정심을 기를 수 있으며, 감사를 표현해 유한한 자원을 덜 소비할 수 있다는 사실을 보여줬다.[9, 10]

공감에 관해 자키는 이렇게 말한다. "관여를 거듭 실천하면, 더 크고 넓으며 단단한 공감을 형성할 수 있습니다." 공감을 다룬 한 연구를 보니, 남의 감정을 정확히 판단하는 데 남녀 사이에 큰 차이가 있었다.(둘 중 누가 더 잘했을지 알겠는가?) 그러나 그 차이는 정확도에 따라 보상하겠다는 말이 있자 사라졌다. 남성의 공감 능력을 꼬집는 게 아니라, 우리가 얼마나 외부 요소에 큰 영향을 받는지 보여주는 결과다.

자키는 이렇게 말했다. "공감을 실천할 이유가 있다면, 우리는 공감합니다. 그리고 점점 더 잘하게 되죠."[11] 게다가 공감을 기를 수 있다고, 더 공감하도록 뇌를 연결하는 능력이 우리 안에 있다고 하는 말을 들으면, 더 공감하기 쉽다.[12]

우리 모두 사회 친화적 감정을 기르면, 사회 친화적 성향이 문화의 기본값으로 자리 잡아 계속 퍼져나가는 가운데 뇌를 단련해 단기주의로 곧장 뛰어들지 않게 된다. 그리고 주변 사람과 환경을 보며 즉각적인 만족을 미뤄놓는 것이 얼마나 이로운지 짐작할 수 있다. 그렇게 우선순위도 달라진다.

물론, 본능은 여전히 자리를 지키고 있다. 과거의 자아가 살아 숨 쉬고 있는 것이다. 그러나 우리는 과거 우리의 모습과 작별한 다음, 예전과 다르게 행동해 다음 세대를 위해 이야기를 바꿀 수 있다. 즉, 훌륭한 인간이 되려면 무엇이 필요한지 알아보고 의도적으로 **필요한 것을 기를** 정원을 고를 수 있다는 말이다.(계획은 마치 정원처럼 바뀔 수 있고 진화를 필요로 한다. 이런 일에 결코 끝이란 없다.) 또한, 과거를 유지하려고 노력하는 데서 보다 적극적으로 나서서 내면에 있는 타고난 창조력과 재생력을 인지하고 전보다 더 나은 존재로 거듭날 수 있다. 우리가 이런 힘을 다음 세대에 전달하면, 다음 세대 역시 차례차례 물려줄 것이다. 결국, 미래 세대는 더 넓은 시야를 가지고 삶을 시작할 것이다.

자각하고 다른 방식으로 행동하기

연습해 보자. 첫 단계는 '자각'이다. 나의 일상이 어떻게 시작되는지 생각해 보자.

자다가 알람 소리를 듣고 깼나? 침대 밖으로 나오기도 전에 휴대전화 알림이나 메시지를 확인했는가? 양치하거나 샤워하는 동안 다른 사람을 몇 명이나, 할 일을 몇 건이나 생각했는가? 아침 식사 전에 집안의 소소한 다툼을 얼마나 많이 중재해야 했나? 아침 식사가 어땠는지 기억이 나나 모르겠다. 아침으로 커피만 마셨는가? 문밖으로 나서기까지 아침 일정을 나노 초 단위로 끊어서 세웠나? 아침 시간이 여유로웠나, 아니면 촉박했나? 주변을 차분히 챙길 수 있었나, 아니면 발걸음을 옮기느라 바빴는가?

단기적인 결과에만 집중하다 보면 먼 미래를 생각하기 어렵다는 사실을 알 수 있을 것이다.

이제, '신념' 차례다. 간단하다. 서두르지 않고도 아침에 외출 준비를 끝마칠 수 있다고 상상해 보자. 속도를 조금 늦춰 살아가도 세상에 뒤처지지 않을 수 있다고 믿

자. 휴대전화에 너무 목매지 말자. 그래도 된다. 정신없이 바쁜 아침 시간을 보낸 탓에 하루가 어떤 영향을 받는지 생각해 보는 것도 좋지 않을까?

여기까지 왔으면, 지금과는 다른 현실을 구현하는 일을 감행하자. 여러분은 어쩌면 회사 정책상 유연 근무나 원격 근무를 하고 있을 것이다.

일상 습관 중 무엇을 바꿔야 일과에 빨리 젖어들어 더욱 의도적으로 행동할 수 있을까? 어떻게 해야 매일 같은 일상에 장기적인 목표를 합칠 수 있을까? 만약 일정을 마음대로 정할 수 없는 상황이라면, 주의력을 앗아가는 원흉을 파악해 한계 속에서도 시간을 확보할 해결책을 찾을 수 있지 않을까?

SNS 계정에 자녀 보호 기능을 설정하면 10분 동안은 살아 숨 쉬는 인간과 소통할 수 있을 것이다. 입고 나갈 옷을 저녁에 미리 준비하자는 집안 규칙을 세우면, 아침에 불안감과 스트레스가 줄어들지도 모른다. 아침에 어떤 습관을 들여야 미래 세대가 감사할 현재를 일굴 수 있을까?

롱패스는 인류의 대들보였다

나는 과거에 인류 발전을 도운 단기주의를 '최악의 적'이라 말하고 싶진 않다. 그러나 이제 환경, 사회, 경제 붕괴를 경고하는 격렬한 조간대를 헤쳐 나갈 우리는 단기주의를 단호히 옆으로 치워놔야 한다. 광범위하고 집단적으로 생각해야 하는 이 시점에 단기주의를 버리지 못하면 자극에만 반응하고 혼자만 아는 사람이 된다. 단기주의를 대체할 게 필요하다. 그것이 바로 '롱패스'다.

롱패스는 단기주의 부대의 포격을 막아내고, 여러분이 의식하든 의식하지 못하든 결정할 때마다 훨씬 더 큰 그림을 보여줄 뇌를 일굴 수 있게 지지할 **두 개의 중요한 대들보**를 가지고 있다. 두 대들보는 다음과 같다.

세대를 초월하는 공감: 존재라는 사슬 속에서 자신이 어디에 있는지 끊임없이 의식하는 것을 말한다. 여기서 우리는 물려받은 역사를 깊이 생각하며 현재와 일치하는 것을 찾고 더 나은 미래를 위해 조정한다.

미래지향적 사고와 텔로스: 다양한 미래를 생각할 수 있는 광범위한 능력과 원하는 미래를 상상하게 할 유인책을 말한다.

여러분은 두 대들보를 통해 '지금 여기'라는 개념보다 더 크게 생각할 수 있다. 그리고 친구들과 롱패스에 관해 더 이야기하거나 깊이 있게 토론해 롱패스의 영향력을 더욱 강화할 수도 있다.

롱패스는 달력, 칠판, 포스트잇 메모나 오가는 말 속에 두 대들보를 심어 여러분에게 다음에 무엇을, 왜 해야 하는지 알려준다. 변화하는 미래를 보여줄 초대장인 것이다. 롱패스에 접어들면 신경세포부터가 아주 조금씩 다르게 발화할 것이며, 다음 날에도 변화가 이어질 것이다.

나는 살면서 롱패스를 **매일, 매시간** 사용한다. 시간을 어떻게 보내고, 돈을 어떻게 쓰며, 나 자신과 어떻게 말하고, 주위 사람들과 어떤 식으로 함께할지 결정을 내릴 때 사용한다. 롱패스 덕에 삶이 완벽해졌다고 말할 수는 없지만 매우 달라졌다고는 확신한다. 나는 머릿속이 생각으로 가득 찰 때면 잠시 멈추어 이런 생각을 한다. '요점이 무엇일까?

왜 이게 여기에 있을까? 이게 내가 원하는 미래와 무슨 관련이 있을까?'

인정한다. 이런 질문이 일상 속 간단한 결정에는 좀 지나쳐 보일지도 모르겠다. 그러나 주간 예산 회의와 기업 리더십 모임을 이끄는 CEO에게는 반향을 일으킨다. 사실, 나는 롱패스를 이용해 전 세계적으로 큰 조직들의 의사결정을 도왔다. 롱패스는 공정이나 정의 같은 개념이 완전히 불필요할지 모를 200년 후 사회에서도 **우리가 서로 공정하고 정의로워야 하지 않겠냐**며 반향을 일으킬 것이다.

여러분은 이 책의 초반만 읽고도 이미 롱패스를 삶에 도입했을 수도 있다.(내 바람일 뿐일까?) 이제는 이론이 아니라 개별 예시를 통해, 인류 전체의 문명에서 개개인의 이야기까지 좀 더 깊이 탐구할 것이다.

다음 장에서는 더 큰 그림 속에서 여러분의 자리가 어디인지 생각해 보려고 한다. 그 과정에서 앞을 내다보는 것은 물론, 아주 먼 옛날을 생각하는 것이(또한 **느끼는 것**이) 중요하다는 사실도 깨닫게 될 것이다.

3장

실천

과거, 현재, 미래 바라보기

우리는 과거다.

헤아릴 수 없는 영겁의 세월이 낳은 결과다.

민족 차원에서 쌓아온 경험과 지식의 결과다.

전통과 영향이 이어져 내려온 결과다.

더 깊이 들여다보면 과거 모든 것의 유산이다.

그 유산은 우리 마음속 한편에 깊이 자리 잡아

비밀스럽고 겉으로 드러나지 않는다.[1]

지두 크리슈나무르티Jiddu Krishnamurti
인도의 철학자

　최근에 나는 어머니가 멕시코에서 머물던 시절에 제작한 50년 된 콜라주 작품을 우연히 보게 됐다. 캔버스 속에는 시장 가판과 길거리의 모습이 강렬한 색채와 역동적인 형태를 뽐내고 있었다. 그 뒤로 1970년 멕시코시티에서 벌어진 승리와 비극을 담은 신문 기사도 보였다.(1970년 멕시코 월드컵 기사를 말하는 것으로 보임. -역자 주)

　왜 둘이 묶였는지 짐작이 됐다. 어머니는 삶을 바라볼 때 항상 맥락을 생각했다. 어린 나를 데리고 미술관을 다닐 때도 작품 속 원근법, 빛, 형태가 어떤지 살피는 동시에 작가의 내면과 주변 세상을 주제로 대답하기 쉽지 않은 질문을 던졌다. "작가가 이 작품을 제작하면서 무슨 생각을 했을 것 같니?", "당시에는 어떤 삶을 살았고, 그전에는 어떻게 살았을까? 사회는 어땠을 것 같니?"

주변 세상을 생각하지 않고는 사람이든 뭐든 제대로 바라볼 수 없다. 맥락을 중시하던 어머니가 멕시코에 유학을 갔던 것도 샌프란시스코 베이에서 배운 것들이 더 큰 그림 속에서 어떻게 어우러질지 알고 싶었기 때문이다. 사실, 어머니의 스승이자 미래주의자인 버크민스터 풀러가 서양의 고전 개념을 넘어 미적 지평을 넓히라고 권한 것도 있었다.

세대를 넘어선 공감을 향해

나는 어머니 덕에 미술 작품을 볼 때는 물론이고 다른 모든 것을 바라볼 때도 맥락을 생각한다. 어떤 정치인의 끔찍한 행동을 다룬 기사를 보면 변명의 여지 없이 최악이라고 생각하지만, 동시에 맥락도 생각한다. 왜 그런 식으로 행동했을까? 어떻게 자란 걸까? 부모의 양육 방식은 어땠을까? 그 윗세대는? 끔찍한 행동에 면죄부를 주려는 게 아니다. 이해하려는 것이다.

우리는 종종 행동 하나만 보고 비난을 퍼붓다가 앞뒤 상황을 파악하고 마음을 누그러뜨리곤 한다. 이러면 평생 행동의 근본 원인은 물론, 앞으로 나아갈 길까지도 볼 수 없다. 이 세상에 완벽히 딱 나눠떨어지는 것은 없다. 나는 이런 생각을 하며 어머니의 방식대로 세상을 바라보고 헤쳐 나간다.

아버지의 영향도 무시할 수 없다. 어렸을 때, 우리 가족은 가끔 월넛크리크에서 출발해 시에라네바다 산맥 서쪽으로 난 가파른 협곡을 온종일 달리는 기차 여행을 떠나곤 했다. 목적지는 리노(미국 동부 네바다주 최대 도시 - 편집자 주)였다. 처음으로 여행을 떠났을 때 우연히 들었던 부모님의 대화가 지금도 똑똑히 기억난다. 아버지는 놀라워하며 이렇게 말했다.

"마지막으로 이렇게 눈이 소복이 쌓인 계곡에 있었을 때는 기관총을 들고 있었어. 종일 굶은 채 가느다란 오솔길이 갈리는 곳에 다다를 때면 어디에 나치가 숨어있는지 몰라 신경이 곤두섰지. 잠자리에 들 때는 안전장치를 푼 총을 손에 들고 자기도 했어. 다음 날이 어떨지 기약할 수 없었으니까. 햇볕 아니면 독일군 손전등 불빛에 깨거나 아예 다시는 깨지 못할 수도 있었지. 그런데 이제는 여기서 우리 아이들이 핫초코를 마시고 색칠 놀이를 하면서 눈 덮인 나무를 보는 동안 커피를 마시고 있네."

우리 아버지에게 당시 광경은 공상과학영화 같았다. **두려웠던** 그 장소가 이토록 **평온**해지다니 너무 초현실적이었다. 산전수전을 겪고 나서도 여전히 인간사에 경외심을 보이던 아버지의 모습과 함께, 내게도 전해진 '무엇이든 가능하다.'는 아버지의 신념은 지금도 생생히 기억에 남는다.

우리에게는 분명 한계가 있지만, 추진력도 있다. 나는 매일 롱패스 연구소에서 업무를 볼 때 아버지의 신념을 떠올린다. 우리가 어떻게 인류라는 배를 부딪힐 게 뻔한 빙산을 향해 몰고 가는지 보여주는 최신 분석을 읽을 때도 떠올린다. 그리고 생각한다. 뱃머리를 돌린다면 어떨까? 어떻게 돌릴 수 있을까?

부모님의 경험을 곰곰이 되짚어 보는 것은 롱패스의 대들보인 세대를 초월하는 공감, 즉 '초세대적 공감'을 나타낸다. 여러분은 초세대적 공감을 통해 **존재**라는 사슬 속에서 자신의 위치를 인지할 수 있다.

우선 이전 세대의 욕구, 선택, 감정을 깊숙이 파고들어야 한다. 이는 훌륭한 조상이 되는 긴 사슬을 이루는 첫 번째 고리다. 두 번째 고리에 접어들면, 세대를 넘나드는 맥락 속에서 자기에게 공감하며 자아실현을 고찰하게 된다. 세 번째 고리에 다다라서는 이후를 살아갈 세대에게 초세대적으로 공감하며 그들의 욕구와 열망을 탐구하게 될 것이다. 모든 고리를 살펴보고 나면, 거대하고도 기나긴 수천 년 세월 속에서 여러분의 역할을 이해하기 시작할 것이다. 이게 바로 더 나은 미래를 만드는 동시에 롱패스를 기르는 방법이다.

그간 서양 문화에서는 보다 제한된 틀을 고수하며 선택으로 향하는 길을 냈다. 우리 부모님은 플라톤, 아리스토텔레스, 소크라테스, 니체, 칸트와 같은 유명한 철학가들의 지혜를 바탕으로 나를 길렀다. 그러나 이제야 깨달은 게 있다. 이 철학자들은 위대하지만, 실망스러운 데다가 삶의 의미를 생각하는 방식에 의문까지 품게 하는 일을 하나 했다. 이들은 모두 한 인간이 태어나 죽을 때까지의 수명 안에서만 도덕적이고 선한 것이 의미하는 바를 생각했다.

생각의 범위를 한 사람의 수명으로 국한하면 식량안보, 기후 변화 등 우리 사회가 직면한 문제는 물론, 정서적 행복같이 가정에서 맞닥뜨린 문제조차 해결할 수 없다. '수명 편향'에 빠지는 것이다.

그러나 롱패스와 함께라면, 현재를 기준으로 더 길게 앞뒤 세대까지 생각할 수 있다. 어머니 세대에 그치지 않고 옛날 옛적 할머니가 한 경험을, 자녀, 조카뿐만 아니라 아주 먼 훗날을 살아갈 후손의 경험을 생각하는 것이다.

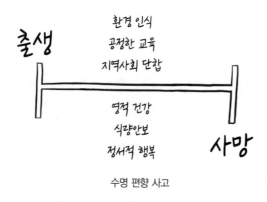

수명 편향 사고

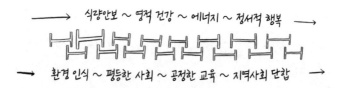

롱패스 사고

세대를 초월하는 공감은 단기주의를 풀어낼 해독제다. 단기적인 이익보다는 장기적인 목표를 먼저 생각하도록 돕기 때문이다. 게다가 여러분이 존재라는 사슬을 구성하는 하나의 고리라는 사실을 일깨워 준다. 여러분이 세상 빛을 보기 전에 많은 일이 있었고, 세상을 떠난 후에도 역시 많은 일이 일어날 거라고 알려주는 것이다. 이후에 일어날 많은 일은 여러분이 '내 인생'이라는 작은 공연을 펼치는 동안 행동에 옮기고, 생각하고, 느끼는 데 달렸다.

나에게서 가끔씩 아버지와 유사한 성질이 드러날 때면 아버지의 과거와 관련된 반응이 툭 튀어나오기도 한다.

마트에서 장을 본 어느 날이었다. 카트 두 대를 꽉 채워 주차해 놓은 차로 가는 길에 아내 샤론이 집에 가서 정리하는 데 시간이 꽤나 걸리겠다고 말했다. 나는 "냉동식품이 든 봉투는 내가 챙겨서 지하실로 내려갈게."라고 말했다. 그러자 아내는 계산을 하느라 정신이 없어 냉동식품과 상온에 놔도 될 제품을 나눠 담지 않았다는 것이 아닌가. 나는 왠지 이 말에 자극받아 아내에게 그런 기본적인 것도 챙기지 않았냐며 벌컥 화를 냈다.

"난 그런 쪽 전문가가 아니라고! 왜 이래?" 내 말에 발끈한 아내가 소리쳤다. 그때야 정신이 번쩍 든 나는 현명하게 입을 꾹 다문 채 도대체 왜 그렇게 자극받았는지 생각했다.

화를 낼 때 머릿속에 무슨 일이 있었던 걸까? 나는 아내에 대해 이렇게 생각하고 있었다. **당신은 뭘 해야 할지 알고 있어야 해. 당신은 항상 알아야 해. 당신은 아내인 동시에 엄마기도 하니까 알아야 해.** 이런 생각이 타당하다고 말하는 게 아니다. 잠재의식이 이렇게 흘러갔을 뿐이다.

생각해 보면 우리 아버지도 이랬다. 아버지는 종종 말도 안 되는 이유로 어머니에게 화를 냈다. (나는 어머니를 닮아 항상 이유를 알아야 했기 때문에) 왜 그런지 궁금했다. 나는 아버지가 살면서 여성들과 어떤 관계를 맺었는지 생각했다.

아버지는 항상 할머니, 그러니까 아버지의 어머니 이야기를 할 때면 극찬하듯 했다. 그러나 오랫동안 마음속 깊이 할머니에게 분노를 품고 있었을 것이다. 홀로코스트가 시작됐을 때 떠나지도 않았고 어떻게든 자신을 지키지도 못했다며 알고 보면 불가능했을 올바른 일을 하지 않았다는 이유로 말이다. 아버지는 무엇이 정답인지 미처 파악하지 못한 할머니를 보고 버림받았다고 느껴 분노까지 품었던 것 같다.

롱패스 사고 훈련 3.

미래 세대를 생각하며 결정하기

나는 앞에서 캐럽 나무를 심는 남자와 마주친 호니 이야기를 했다. 남자는 나무가 열매를 맺는 모습을 볼 때까지 살 수 없다는 것을 알았지만, 자신에게 나무를 남겨준 조상을 따라 나무를 심고 있었다. 여러분에게 남겨진 캐럽 나무는 무엇일까?

잠시 시간을 내 이전 세대가 혼자 그리고 여럿이서 내린 선택이 현재 여러분의 경험에 어떤 영향을 미쳤는지 생각해 보자. 미래 세대가 할 경험도 생각해 보자.

후손들에게 여러분에 관한 질문을 던지면 뭐라고 대답할까? 여러분이 전하고 싶은 말이 그 안에 담겨 있을까? 이런 질문을 매일 하루에 몇 번씩 스스로 해보는 건 어떨까?

우리 할아버지는 무슨 생각을 했을까? 그게 내 세계관

에 어떤 영향을 미치고 있는 걸까? 먼 후손은 내 관점을 보고 어떻게 느낄까?

여러분은 연봉이 센 일자리를 얻을까 하다가도 끔찍한 사내 문화와 길고 긴 근무 시간에 의미까지 없는 업무를 보고 주저할 것이다. 앞 세대 사람들은 그런 여러분을 한심하게 생각했을지도 모른다. 그 시절엔 가족을 부양하는 게 전부였다.

혹시 먼 후손이 나를 보고 **이렇게** 느꼈으면, 하는 생각이 있는가? 그렇다면 생각에 그치지 않고 실천까지 한다면 어떨까? 논리와 감정을 모두 발휘해 선택하는 것은 롱패스의 기본 중 하나다.

이전 세대를 향한 공감

나는 이번 마트 냉동식품 사건에서 순식간에 여러 가지를 종합해 추측할 수 있었다. 그러나 잠재의식 속에 묻힌 조상의 역사를 의식조차 못 하는 경우가 비일비재하다. 아침에 바지를 입었을 때 허리춤이 바짝 죄는 느낌이 나는 것과 같다.

바지가 터질 정도로 끼는 게 아니라면 그런 느낌은 곧 사라진다. 뇌의 밑바탕에 있는 망상 활성계Reticular activating system(RAS)라고 하는 신경계가 지금 당장 인식할 필요가 없는 자극과 신호를 거르기 때문이다. 뇌가 항상 바지에만 집중한다면 생산적인 하루는 꿈도 꿀 수 없을 것이다. 그렇다고 해서 우리가 바지를 안 입었다거나 움직일 때 바지가 전혀 걸리적거리지 않는다는 건 아니다. 편의상 뇌에서 바지를 걸러내는 것이다. 우리에게 역사는 바지 같다. 게다가 당연히 좋기만 할 리 없고 무척이나 나쁘기도 하다.

초세대적 공감을 실천하는 우리의 능력은 트라우마에 약하다. 조상이 가해자였든 피해자였든 개인적으로도 사회적으로도 사실이다. 과거가 비양심적이거나 불편하기까지 하다면, 심지어 태어나기도 전의 일이라면, 우리는 앞만 보도록 교육받든지(과거는 중요하지 않아. 머나먼 미래, 저 너머로!) 방어적으로 변하게 된다.(그런 끔찍한 일을 한 게 나는 아니잖아?)

그러나 이런 성향을 보이면, 과거를 인식하지 못하거나 학습 대상으로 삼을 수 없다. 매일 바지를 입을 때마다 생겼다가 이내 사라지는 허리춤의 불편한 느낌과 다를 바 없다. 개인과 사회 차원에서 과거의 깊은 영향을 인정하지 않는다면, 물이 새는 수도관에 테이프를 칭칭 감는 것과 같다. 그렇다. 잠깐이야 버티겠지만 수도관은 결국 터지고, 상상 이상으로 물이 넘칠 것이다.

이렇듯 과거를 향한 공감은 미래와 떼려야 뗄 수 없다. 초세대적 공감과 함께라면, 여러분 자신은 물론이고 지금의 여러분을 만들어 낸 것까지 파악할 수 있다. 과거부터 전해 내려왔거나 물려받은 게 무엇인지 볼 수 있는 것이다. 게다가 과거에 제자리를 찾아줘 **현재 생각**이 **이전 세대**에 얼마나 많이 뿌리를 두고 있는지 알게 된다. 이 과정을 통해 여러분은 다르게 생각할 수 있다. 롱패스에 접어들 수 있는 것이다.

초세대적 공감 중 첫 번째 고리인 이번 단계를 거치면 과거를 배움의 대상으로 삼아 현재에 적절히 적용할 수 있다. 공감은 동정과 다르다. 공감은 자신을 넘어 다른 사람이 어떤 감정을 느끼는지 상상하는 힘이다. 여러분도 똑같이 느낀다거나 특정 감정을 느끼는 사람을 보고 옳다고 판단하는 게 아니라 남의 감정을 상상하는 것만을 의미한다.

이전 세대를 향한 공감

내면에 있으면서 은연중에 여러모로 우리를 통제하고
우리가 하는 모든 것에 존재한다는 점에서
역사는 위대하다.

제임스 볼드윈James Baldwin(미국의 소설가)

이전 세대에게 공감하기 어렵다면, 2150년을 사는 미래 세대가 **여러분**의 삶을 어떻게 바라볼지 상상해 보자. 동물의 생각을 읽을 수 있는 기술이 있을지 모를 미래에서 후손은 육식이라는 우리의 결정을 야만스럽다고 생각할 것이다. 그리고 기후 변화를 무시한 우리의 행태를 보고 혼란스러워하거나 격분할 것이다. 우리는 현재를 살아간다는 이점을 가지고 앞서 말한 가능성을 교훈 삼아 더 나은 결정으로 향할 수 있고, 그래야 한다. 현재 지식을 바탕으로 최선을 다하면서, 조상의 결정을 볼 때는 뭔가 사정이 있었을 것이라 생각해야 한다.

조상에게 공감한다는 것이 우리는 물론, 특히 끔찍한 짓을 저질렀을지 모를 조상의 잘못을 눈감아준다는 말은 아니다. 부정적인 마음을 돌리려는 것도 아니다. 우리의 조상은 지금과 다른 심리적, 사회적 환경에서 살았고, 모두가 그렇듯 완벽하기만 한 것도 아니었다. 게다가 우리처럼 수세기 전부터 여러 고리가 이어져 내려온 사슬 속에서 성장했다.

우리는 상황이 빤히 보여도 조상을 향해 겸손한 마음으로 세심하게 다가가야 한다. 조상을 중요하지 않은 존재로 볼 때 배울 수 있는 것은 없다. 특히 **과거** 조상의 행동이 **현재** 우리의 행동에 어떻게 영향을 주는지 알 수가 없다.

과거를 밝히면 기존에 개인과 사회가 고통을 마주하던 방식에 변화를 일으킬 수 있다. 남아프리카공화국에서는 아파르트헤이트Apartheid(백인우월주의에 근거한 남아프리카공화국의 극단적 인종차별정책과 제도를 말함. -역자 주) 이후 인권 침해 피해자가 자신의 이야기를 들려주고, 가해자가 자기 행동에 책임을 지고 용서를 구하도록 진실 화해 위원

회를 설립했다. 완벽하지 않았지만, 국가가 보복이 아닌 회복을 바탕으로 앞으로 나아갈 수 있었다는 점에서 대체로 성공했다는 평이다.

진실과 화해에는 정직과 함께 애도, 용서, 치유를 위한 기회가 담겨있다. 그간 여러 사회에서 저마다 진실과 화해를 이룩하려 노력했다. 헝가리 부다페스트의 메멘토 공원에 가면 암울했던 공산주의 시대에 세워진 동상이 옮겨져 있어 미화되지 않은 과거를 느껴볼 수 있다. 이에 여행 작가 캐머런 휴잇Cameron Hewitt은 이런 글을 남겼다.

"공산주의가 집어삼켰던 '좋았던 옛 시절'을 떠올리며 눈가에서 눈물을 훔치는 일부 향수에 젖은 노인들이 있겠지만, 여길 찾는 사람들은 대체로 흉물스러운 동상을 묘한 눈초리로 보면서 당시 시대상을 가늠하고 붕괴한 체제가 남긴 가엾은 유물을 천천히 돌아본다. 역사적 맥락을 찾는 사람들은 기록 보관소에 가서 동상이 제 자리에 있던 시절에 찍은 사진을 보면 된다. 이제는 억압의 상징인 동상을 기억하자고 원래 있던 유명 장소에 계속 놓을 필요가 없기 때문이다."[1]

독일 얘기도 빼놓을 수 없다. 변호사이자 사회 운동가

이며 '평등정의이니셔티브Equal Justice Initiative'의 설립자인 브라이언 스티븐슨Bryan Stevenson은 독일이 옛 유대인 가정과 유명 기념관에 명패를 달아 홀로코스트라는 끔찍한 일을 자행했음을 공연히 인정하고 있기에 베를린에 간다고 했다. "아무도 과거를 인정하지 않는다면, 과거에 관해 이야기하지 않는다면, 지금 사람들이 얼마나 훌륭하든 중요하지 않습니다. 끔찍한 일을 자행하고 그로 인한 공포를 인정하지 않으려 하는 사회를 믿을 수 없습니다……." 지금 입고 있는 '과거'를 인정하지 않는다면, 과거가 또다시 움틀 위험을 못 본 체하고 그로 인해 입을 손실을 부정하면서 고통을 계속 이어가는 것이다.

일부 정부는 훌륭하게도 과거와 화해하려는 움직임을 주도한다. 그러나 우리는 정부에 의존할 필요가 없다. 만약 많은 사람이 자신이 공유하고 있는 과거를 말하고 통합해 배울 것을 찾으려 한다면, 이는 문화를 아우르는 시대정신이 될 수 있다.

스티븐슨이 이끄는 평등 정의 이니셔티브는 미국의 과거를 생각해 보자는 움직임을 주도하는 곳 중 하나다. 이 단체의 참가자들은 항아리와 삽을 들고 집단 폭행이 일어난 현장에 가서 그곳의 흙을 모아 희생자를 기리고 기억하는 프로젝트를 진행한다. 한 흑인 여성 참가자가 앨라배마주 서쪽 길가에서 프로젝트를 진행하고 있을 때였다. 트럭한 대가 진동을 일으키며 달려오다 속도를 늦춰 근처에 정차했다. 몸집 큰 백인 남성이 차에서 내려 무얼 하느냐고 묻자, 여성 참가자는 이렇게 말했다. "1937년에 여기서 한 흑인 남성이 집단 폭행을 당했어요. 저는 그를 기릴 거고요."

스티븐슨이 들려준 이야기에 따르면, 여성 참가자는 대답을 마치고 너무 긴장한 나머지 옆에 서 있는 남자는 신경도 쓰지 않고 미친 듯이 땅을 파기 시작했다고 한다. 그 순간, 남자가 '종이에 폭행 사실이 적혀 있느냐?'고 물었다. 맞다는 답에 읽어봐도 되겠느냐던 그에게 참가자는 그래도 된다고 하며 종이를 건네주고 계속 땅을 팠다. 남자는 종이 속 글귀를 읽은 뒤 놀랍게도 "실례지만, 제가 도와드려도 될까요?"라고 말했다. 그리고 그러라는 말에 무릎을 꿇었다. 삽을 내미는 참가자에게 이렇게 말하기까지 했다. "계속 쓰시죠. 저는 손으로 파면 됩니다." 이어 그는 손을 땅속에 푹 집어넣고 집중하며, 있는 힘껏 흙을 파내 항아리에 담기 시작했다. 손이 흙투성이였다. 최선을 다하는 그의 모습에 참가자는 감동해 이내 울기 시작했다. 그리고 그대로 멈춰 미안해하는 그를 향해 이렇게 말했다. "도와주시는 게 너무 감사해서 그래요." 참가자는 자기가 챙겨간 도구로, 남자는 손으로 계속 땅을 팠다. 항아리 가득 흙을 담았을 때 남자는 어깨를 떨며 눈물을 흘리고 있었다. 그 모습을 본 참가자가 괜찮은지 묻자, 그는 이렇게 말했다. "저희 할아버지가 이분을 폭행하는 데 가담했을까 봐 너무 두렵습니다."[2]

이들은 땅을 파며 너무나도 다른 경험에서 출발해 현재 삶 속에 자리 잡은 과거의 트라우마와 고통을 함께 느낄 수 있었다. 이번 일로 과거를 얼버무리거나 '앞으로 잘 되겠지.' 하고 마는 게 아니라 모두 미래를 향해 나아가며 (과거를 잊지 말고)더 나은 내일을 건설할 수 있는 화해의 토대를 마련했기를 바란다.

집단 폭행이 윗세대의 잘못을 보여주는 극적인 사례라 그런지 땅을 파서 피해자를 기리겠다는 이야기 역시 생생히 다가온다. 초세대적 공감은 이처럼 명확하고 분명할 때도 있지만, 내가 냉동식품 때문에 아내에게 화를 낸 후 생각에 잠겼던 것처럼 내면에서 일어나기도 한다. 롱패스에 접어들기 위해서는 우리 모두 개인적으로나 집단적으로 이런 공감의 여정을 밟아야 한다. 미래를 생각하려면, 시작점부터 파고들어야 하는 법이다.

내 몸이 들려주는 이야기에 귀 기울이기

사생활을 확보할 수 있는 곳에 가서 안심하고 (웬만하면 전신거울을 준비해)거울 앞에 서자.

마음의 준비가 되면, 옷을 벗어보자. 여러분을 비하하거나 이상한 짓을 하려는 게 아니니 섣부른 판단은 아껴두길 바란다.

배부터 시작하자. 이어서 배꼽으로 주의를 돌려보자. 배꼽을 둘러싼 가로세로 6센티미터 면적 안에 400만여 개의 세포가 있다. 오래전 여러분이 어머니 배 속에 있던 시절, 여기에 생명줄이 있었다. 수천 년 전부터 그랬고, 그보다 전엔 다른 생명체 역시 수천 년간 같은 방식으로 영양을 공급받았다.

생명줄이 생기기 전에는 수정을 거쳐 여러분을 만들어

낸 작디작은 난자가 있지 않았을까? 난자는 한 세대를 더 거슬러 올라가 어머니가 할머니 배 속에 있던 태아일 때 생긴 것이다. 잠시 차분히 생각해 보자.

이제 여기엔 진화를 거듭해 위엄 있는 모습으로 방 안에 선 여러분이 있다. (황량한 사바나를 하루에도 몇 시간이나 이제 여기엔 진화를 거듭해 위엄 있는 모습으로 방 안에 선 여러분이 있다. (황량한 사바나를 하루에도 몇 시간이나 걸어 다닐 수 있는)발부터 지구에 지금껏 등장한 것 중 가장 놀라운 장기인 뇌까지 거울 속에 보이는 그 몸은 여러분이자 그 이전에 존재했던 수십억 명의 호모 사피엔스다. 우리 몸이 들려주는 이야기는 경외로운 동시에 겸손을 일깨워 주며 놀랍기까지 하다.

이제 발, 무릎, 엉덩이, 손, 어깨, 얼굴, 눈을 지그시 바라보자. 모두 먼저 이 세상에 살았던 사람들을 바탕으로 지금 모습에 이르렀다.

여러분은 몸에서 근육 잡힌 상체로 사냥하던 멀고 먼 조상을, 미소 속에서 다정한 할머니를 본다. 밤이면 이전에 살았던 모든 조상과 똑같은 근육을 써서 손을 뻗어 불을 끈다. 어둠 속에서 느끼는 두려움 역시 지금까지 이어진 혈통의 일부일 수 있다. 여러분은 윗세대로부터 몸은 물론이고 경험까지 물려받았다. 눈에 보이는 모든 신체적 특징에는 수없이 많은 문화, 행동, 환경 유산이 함께한다.

이제 천천히 오른손을 들어 심장 위에 대고 왼손을 부드럽게 배 위에 올리자. 호흡과 함께 가슴과 배가 오르내리는 것을 느끼며 꾸준히 뛰는 심장 박동에 주의를 기울여 보자. 그리고 스스로 이렇게 물어보자.

"조상의 유산 중 무엇을 이어 나가고 싶은가?"

"버리고 싶은 것은 무엇인가?"

잠시 시간을 내 답을 적고 앞으로 살면서 크고 작은 결정을 내릴 때 거울 앞에서 한 이번 경험을 떠올리길 바란다.

현재의 자신을 향한 공감

조지프 캠벨은 이런 글을 남겼다. "우리는 저마다 두 세계를 여행한다. 인식이라는 내면세계를 탐험하는가 하면,

주변에서 시대와 장소가 엮어내는 역사에 관여하기도 한다." 이 두 세계가 함께 작용해야 우리는 롱패스를 곁에 더가까이 둘 수 있다. 또한, 주어진 삶을 온전히 진실하게 살지 않는다면 좋은 후손도 훌륭한 조상도 될 수 없다. 따라서 초세대적 공감 중 자신을 향한 공감은 **정렬된** 삶을 다룬다. 자기 자비Self-compassion를 실천하고, 삶의 유한함과 유산이 지닌 잠재적 무한함을 인식한다면 정렬에 다가설 수 있을 것이다.

자기 자비란 결점과 실수를 고치려고 노력하는 동시에 자신을 향해 친절하고 용서하는 태도를 말한다. 이런 태도가 있어야 우리는 실수에서 배우고 더 나은 행동을 하며 앞으로 나아갈 수 있다. 이번 장을 시작하면서 봤던 마트 냉동식품 사건을 생각해 보자. 잠시 생각을 정리해 보는 시간을 갖지 않았다면, 나는 아내에게 화를 냈을 때 저지른 잘못을 인정할 수 없었을 것이다.

스탠퍼드대학교 사회신경과학연구소의 자밀 자키는 그간 자기 자비를 광범위하게 연구한 결과를 토대로 자기 자비가 부족하면 갈등 상황에서 버티고 다른 의견을 마주할 때 타협할 수 없다고 주장한다.[3]

자신을 향한 공감

공부를 해야겠다는 좋은 의도를 품었지만 늦게까지 SNS를 하다가 중요한 시험을 망친 고등학생이 있다고 상상해 보자. 그 학생은 성적을 확인하고 나서 끔찍이도 부정적인 생각에 빠져든다. '난 정말 바보야. 그러니까 성적이 이 모양이지. 할 일도 안 하고 왜 이럴까?'

그리고 성적이 어떠냐는 부모님 말씀에 창피한 나머지 방어하려는 생각에 공격적인 태도를 보인다. 그러나 이 학생이 자기 자비를 실천한다면, 다르게 생각할 것이다. '노력해도 가끔은 망칠 수도 있어. 그날 밤 SNS에 접속한 게 잘한 일은 아니지만, 답답해서 기분을 좀 풀고 싶었어. 그래도 괜찮아. 이번 실수를 깨끗이 인정하고 더는 얽매이지 않을 거야. 추가 점수를 얻을 수 있는 기회가 있는지 봐야겠다.'

가정, 회사, 사회 모두 자기 자비에 열중하면 좋은 결과를 얻게 된다. 과거의 실패가 안긴 수치심에서 헤어날 수 있으며, 가끔은 영리하게 홍보까지 할 수도 있다.

2018년, 미국 필라델피아 스타벅스에서 한 바리스타가 정당하지 않은 이유로 매장에 있던 두 흑인 남성을 경찰에 신고해서 빈축을 산 일이 있다. 스타벅스는 ('바리스타가 수천 명이나 되는 데 하나하나 다 어떻게 관리합니까?'라는 식으로)방어적인 자세를 취하는 대신 (간략히 정리하자면)이렇게 말했다. **"이런 일이 생겨 안타깝습니다. 저희 실수입니다. 개선하겠습니다."** 며칠 뒤 오후에는 8,000개 매장을 닫고 직원들을 대상으로 인종차별 예방 교육을 실시했다.

나사NASA 역시 실수에서 배우는 데 집중한다. 실수가 발생하면 구성원들은 '잠시 멈춰 학습하기 과정'을 거치며 무엇이 효과가 있고 없는지를 정기적으로 확인한다. 좋거나 나쁜 결과를 끌어내려는 노력을 하진 않는다. 오로지 정직 그리고 더 나은 방향으로 나아가려는 정신에 초점을 둔다. 만약 무슨 일이 있었는지 검토하다가 나쁜 결과가 벌어질 수도 있다는 사실을 알게 된다면, 대립 중에 방어적으로 나오면서 자기가 한 일을 인정하지 않으려 할 것이다. 배우는 사람도 배울 것도 없는 것이다. 반면 '잠시 멈춰 학습하기'는 진실, 화해와 더불어 처음 목표에 전념할 수 있는 장을 마련한다. 나사에서는 우주로 가고자 하는 목표를 가지고 이런 활동을 하고 있다. 셸Shell, 할리데이비슨Harley-Davidson 등 여러 조직과 육군에서는 이와 같은 과정을 필수로 채택하고 '사후 검토'라고 칭하며 실수에서 자기 인식과 학습을 유도한다.

롱패스 사고 훈련 5.

자기 자비 실천하기

자신에게 자애심을 발휘해 '잠시 멈춰 배우고 다시 정렬하기 과정'을 시작해 보자.

잠시 시간을 갖고 더 나아졌으면 했던 경험을 떠올리도록 하자. 조그맣게도, 거창하게도 시작할 수 있다. 여러분 자신이나 다른 사람에게 해를 끼치려고 이 자리에 있는 게 아니라는 것을 잊지 말자.

천천히 호흡하면서 여러분의 선택과 반응을 되짚으며 삶의 전환점에 앞서 몸에서 느껴지던 뚜렷한 느낌이나 감각에까지 거슬러 올라갈 수 있는지 알아보자.

잠시 그때 그 감정에 머무르자. 다른 게 떠오르는가? 새로이 등장하는 감정, 생각, 기억의 바탕에서 또 다른 감정이 느껴지는가? 이처럼 느꼈던 적이 또 있는가?

지금까지 아주 잘했다. 이제 다시 심호흡하고 스스로 이렇게 물어보자.

"그때 그 경험을 하고 어떤 감정을 느꼈다면 좋았을까? 더 잘할 수 있는 일은 없었을까?"

첫 질문을 보고 생각에 잠겼을 때보다 분명 지금 기분이 더 나을 것이다. 잠깐 그 따스한 느낌을 잡아두자. 준비를 마쳤다면, 자기 자비를 실천하자. 이렇게 되뇌면 된다.

나는 아직 배우고 있는 완벽하지 않은 인간이다.

나는 아직 배우는 동시에 배운 것을 적용하고 싶은 인간이다.

나는 나쁜 습관을 고치는 야심 있는 인간이다.

나는 나쁜 습관을 고치는 동시에 여전히 실수할 수 있는 인간이다.

나는 실수할 수 있지만 가치관과 행동을 일치시키려 열심히 노력하는 인간이다.

시간이 지나면 여러분도 자신만의 문구를 떠올릴 수 있을 것이다. 진정성 있게 느껴지는 말이어야 한다. 경험에서 지혜를 끌어내고, 앞으로 나아가거나 우리 자신을 돌아볼 수 없을 정도로 감당하기 어려운 감정을 내려놓는 것이 중요하다.

이 활동을 하는 동안 경험과 더불어 앞으로 그와 비슷한 상황을 어떻게 다룰지 간단히 메모를 해보자. 메모지에 '바람직한 감정'을 함께 정리해 놓으면 어려운 상황이 닥쳤을 때 길잡이로 삼을 수도 있다.

우리는 수도 없이 배우며 삶의 방향을 재정립하지만, 언제까지 그러고 있을 수는 없다. 언젠가 이 세상을 떠난다는 사실을 받아들여야 정렬된 삶을 살 수 있고 모든 행동에 의미를 부여할 수 있다. 물론 지겹다는 투로 이렇게 말하는 사람도 있을 것이다.

"예, 예. 팀 맥그로Tim McGraw(미국의 컨트리 가수. ―역자 주)도 곧 죽을 것처럼 살라는 노래를 부르더라고요. 그러면서 스카이다이빙이며 로키산맥 등정이며 다 하라더군요. 오늘이 마지막 날인 것처럼 살라는 말도 있죠. 날마다 충실히 살라고도 하고요. 저도 다 알아요."

편지지에 적힌 글귀와 노랫말을 제외하면, 거의 다들 여전히 죽음을 생각하지 않은 채 살고 있다. 더 적극적으로 모험에 뛰어들자거나 맛있는 디저트를 마지막까지 아껴놓지 말자는 게 아니다. 다들 분명 단기적 사고방식에 더 치우치고 싶지 않을 것이다. 언젠가 죽으리란 사실을 받아들이고 마음이 향하는 곳으로 정렬된 삶을 살아가며 시공간 속에 반향을 일으켜 보자. 그러면, '인생은 한 번뿐You Only Live Once(YOLO)'이라는 생각이 '인간은 죽어서 삶을 남긴다Your Life Is Bigger Than You'로 바뀔 것이다.

특이하게도 인간은 죽음에 가까운 상황을 겪을 **필요 없이** 모두 언제든 죽을 수 있다는 것을 알고 있다. 평생 품고 살기엔 무서운 사실이다. 어니스트 베커(미국의 소설가 -역자 주)는 퓰리처상을 안겨준 저서 《죽음의 부정》에 이런 대목을 남겼다.

"인간은 말 그대로 둘로 나뉜다. 위엄 넘치는 모습으로 우뚝 서서 자연에서 단연 눈에 띄는 자신만의 비범함을 인식하지만, 눈과 귀가 먼 채로 몇 미터 아래 땅속으로 들어가 썩고 영원히 자취를 감춘다. 이는 우리가 처한, 그

리고 평생 안고 살아야 하는 끔찍한 딜레마다.)[4]

우리는 죽음을 두려워하며 대체로 피하거나 부정하려 든다. 죽음에 관한 생각을 카펫 밑으로 밀어 넣어 버리는 것이다. 언젠가 코끼리같이 도저히 무시할 수 없는 존재감을 내뿜는 죽음을 맞이하겠지만, 그걸 다 덮고도 남을 카펫을 펼친다. 방바닥 전체를 다 덮은 거나 마찬가지다. 죽음이라는 코끼리가 슬슬 카펫 밖으로 기어 나오는 걸 보면, 실용성은 따지지도 않고 더 크거나 털이 북슬북슬한 카펫을 장만할 것이다. 그토록 많은 사람이 위임장이나 유언장을 쓰지 않는 것도 다 죽음을 부정하기 때문이다.

불치병에 걸린 사람을 볼 때도 마찬가지다. 나이가 들었거나 죽음을 앞둔 친척을 자주 찾아가진 않을 것이다. 불편하니까. 죽음이라는 생각을 감출 카펫을 죽 늘여서 갈 수도 없는 노릇이다.

미국인 80퍼센트가 집에서 죽음을 맞이하고 싶어 하지만, 실상 20퍼센트만 바람을 이루는 점 역시 죽음을 부정하기 때문이다. 같은 이유로 죽음을 앞둔 환자 중 주치의와 삶의 마지막 목표를 논의하는 비율은 **3분의** 1도 안 된다. 의

사들조차 죽음을 입에 올리는 게 껄끄러운 것이다![5]

반면, 일터에서 늘 죽음을 마주하는 사람들은 삶에 대한 크나큰 목적의식과 더 나은 삶을 향한 의지를 매일 느낀다고 고백한다. 캄비아 최고 완화 의료 센터 소속 앤서니 백Anthony Back은 곧 죽을 자신의 운명을 숨기지 않고 삶의 마지막을 위해 의도를 담아 의미 있는 계획을 세우는 불치병 환자에게서 용기와 솔직함을 본다. 그는 이렇게 말했다. "제가 내린 결론은 이렇습니다. 죽음과 취약함을 맞닥뜨릴 때 생기가 돈다."[6]

심리학자이자 스탠퍼드대학교 장수 센터의 책임자인 로라 카스텐센Laura Carstensen 역시 나이 든 사람들이 젊은 사람들에 비해 스트레스, 걱정, 분노, 심리적 불안을 덜 보이는 이유를 조사하며 비슷한 양상을 발견했다. 이 세상에서 살날이 점차 줄어들면, 용서하고 화해할 줄 알게 되며 더 본질적인 목표를 세우고 온 마음을 다해 주변을 느낀다는 것이다.[7]

나이가 들거나 아파야 죽음을 깊이 생각하고 온전한 삶을 살 수 있는 것은 아니다. 매일 당연하게 그런 삶을 이어 나갈 수 있다. 야심 차게 대형 프로젝트를 시작하려는데

'벽에 부딪힌 것' 같다는 유명 방송 연출자에게서 컨설팅 요청을 받은 적이 있다. 나는 그에게 이렇게 말했다.

"2080년대에 누군가 펼쳐 든 조간신문에 당신의 부고가 실려 있을 겁니다. 첫 번째 단락에는 당신의 걸출한 연출 경력이 들어차 있겠죠. 두 번째 단락에는 친지들이 기억하는 당신의 훌륭한 모습이 담겨 있을 겁니다. 세 번째 단락에서는 이 프로젝트가 등장할 겁니다. 왜 이 프로젝트가 부고의 세 번째 단락을 차지할까요?"

눈을 동그랗게 뜨는 그를 보고 나는 그의 삶에 열정이 발생했음을 알 수 있었다. 이후에는 그의 세계관에서 가장 중요한 주제와 개념에 집중했다. 프로젝트에 줄곧 있었지만, 말로 내뱉거나 강조해야겠다고 생각지 않았던 것이었다. 이 연출자는 많은 사람이 그렇듯 별생각 없이 현재를 살고 있었지만, 죽음을 다룬 질문을 듣고 깨어날 수 있었다.

롱패스에 접어들려면 미래 세대를 대신해 행동하는 데 크나큰 걸림돌 중 하나인 죽음을 똑바로 보고, 받아들여야 한다. 그러려면 우리 모두 어렵지만 머릿속에서 미래로 향하는 시간 여행을 떠나야 한다.

일의 중요성 평가하기

살면서 시간을 많이 들이거나 노력을 기울여야 하는 중요한 일이나 모험을 하나 골라보자. 여러분이 하는 일, 도맡은 자원봉사 프로젝트, 또는 조직하는 행사일 수 있다.

이제 그 일을 '추도사'라는 맥락 속에서 생각해 보자. 지금 선택한 일이 여러분이 이 세상을 떠난 뒤 장례식장에서 읽힐 추도사에 등장할까? 세 번째 단락 정도에 있는가? 그렇다면, 조금 더 공을 들일 필요가 있다.

혹시 그 일이 추도사 끄트머리에 달랑 한 줄 나오려나? 아니면, 장례식장에서 입에 오르내리지 않았으면 할 일인가? 그렇게 별로라면, 그 일에 계속 시간을 들여야 할까?

미래 세대를 향한 공감

이제, 우리는 초세대적 공감의 마지막 고리인 '미래 세대를 향한 공감'에 뛰어들 준비를 마쳤다. 본격적으로 시작하기 전에 하나만 분명히 짚고 넘어가자. 자녀가 있어야 미래 세대 즉, '후손'을 볼 수 있는 건 아니다. '가족이라는 개념을 너무 좁게 생각하는 게 이 세상의 문제'라는 테레사 수녀의 말이 있다. 그러니 '후손'을 글자 그대로 받아들이지 말자. 여러분은 매일 행동하고 결정하며 다음 세대에 영향을 미친다. 드러나지 않을 뿐이다.

지금은 사라졌지만 (지금으로부터 500년도 더 전에 시작된)가장 오래된 참여 민주주의 국가인 이로쿼이 연맹은 이렇게 선언했다. "우리는 항상 신중한 자세로 현재의 결정이 다음 일곱 세대에 걸쳐 미칠 영향을 생각해야 한다."[8]

여기서 죽음이 다시 고개를 내민다. 훌륭한 조상이 되자고 할 때 정말로 말하고자 하는 것은 후손에게 줄 유산이다. 죽음이 삶에 의미를 가져다준다면, 유산은 죽음에 의미를 부여한다.

롱패스는 우리가 죽음을 받아들이도록 돕는다. 유산을 통해 모든 세대가 연결된다는 사실을 알려주기 때문이다. 롱패스는 우리 모두 영향력을 가지고 있고, 우리가 살아가며 남기는 흔적이 미래 세대에게 힘이 되어 그들이 더 유리한 위치에서 출발할 수 있도록 돕는다는 사실을 일깨워 준다.

세대가 등장할 때마다 자기 파악Self-knowledge과 자아실현Self-actualization이라는 출발선에서 새롭게 시작할 필요가 없다면 어떨까? 이전 시대를 살았던 사람들이 이룬 것을 바탕으로 눈 깜짝할 새에 사회를 발전시킬 수 있지 않을까? 출발선을 결승선에 가깝게 훌쩍 옮겨놓는다는 게 서기 5000년을 살아갈 우리 **호모 사피엔스**에게 어떤 의미일지 생각해 보자.

미래 세대를 향한 공감

미래 세대를 보살핀다는 것은 존재라는 사슬이 끊어지지 않게 해줄 단단한 고리다. 여기서 우리는 '나'라는 자아와 육신의 죽음을 받아들인다. '하드웨어'가 사라져도 '소프트웨어'는 앞으로 등장할 세대와 함께 진화하고 개선을 거듭할 것이기 때문이다. 그리고 미래 세대에 어떤 영향을 미칠지 느낄 때, 현재 '더 나은' 존재가 되는 길로 접어들 수 있다.

죄책감을 느껴서가 아니다. **미래 세대**가 한결 나은 존재가 될 수 있게 제 역할을 하고 있다는 사실을 깨닫기 때문이다. 어떻게 보면 우리는 앞으로 1만 년 동안 더 훌륭한 **호모 사피엔스**를 세상에 내놓겠다는 프로젝트에 힘을 쏟고 있는 것이다.

다른 모든 생명체와 달리, 인간만이 시간과 역사 속에서 자신의 위치를 파악할 수 있다. 포유류라면 다들 **지금 여기**라는 개념을 가지고 **기억**이라는 형태를 인지하며 기본적으로 미래가 무엇인지 알고 있지만, 인간은 미래를 앞두고 **다양한 가능성**을 상상하고 몇 년이나 앞서 계획을 세울 수 있다. 청혼받고 승낙할 때, 전문가가 되기 위한 교육을 받기 위해 학교에 등록할 때, 또는 우리 자신이(그리고 미래의 아이들이) 앞으로 살아갈 모습이 그려지는 집을 구입할 때 그렇다. 우리는 과거 기억을 되짚어 현실에 등장할 법한 미래를 상상한다. 그래서 우리 인간만이 자신이 원하고 미래 후손이 살았으면 하는 미래를 만들 수 있다.

이런 능력을 '미래 인지'라고 하는데, 이것은 그간 여러 학자의 연구 주제이기도 했다. 이 분야의 전문가 중 하나인

토머스 롬바도Thomas Lombardo 박사는 머나먼 선사시대에 살았던 조상들도 미래 인지 능력을 가졌던 게 분명하다고 주장한다.

매물로 나온 집에 가 앉아서 쉴 곳을 바라보며 '중고로 방석 하나 사서 저기 놔야겠다.'라고 생각할지 모를 우리와 달리, 먼 옛날 오스트랄로피테쿠스, 호모 하빌리스 조상은 이렇게 생각했을 것이다. '무언가를 퍼 담을 수 있는 오목하고 둥그런 도구를 만들면 이 질척질척한 음식을 더 쉽게 먹을 수 있을 거야.'

이어서 계획을 세우고 차근차근 행동에 옮겼을 것이다. 인간은 **미래 인지** 덕에 진화에서 우위를 점한다. 다양한 미래를 생각하며 **계획**을 세운다면, 생존할 가능성이 그만큼 더 커지기 때문이다.

물론 계획을 세울 수 있다는 게 곧 계획을 잘 세울 수 있다는 의미는 아니다. 특히 미래에 어떻게 느낄지 예측할 때 그렇다. 연구에 따르면, 인간은 미래에 무엇이 우리 **자신**을 행복하게 할지 예측하는 데 아주 형편없다.[9] 이런 상황에서 미래 세대를 행복하게 할 방법을 어떻게 상상할 수 있을까? 하지만 훌륭한 조상이 되려면 두 가지 다 바르게 예측할 수 있어야 한다.

서두르지 말고 차근차근 우리의 미래 모습부터 상상하자. 여러분은 10년 전에 어떤 모습이었는가? 어떤 음식을 좋아했고, 어떤 노래를 즐겨 들었으며, 결점은 무엇이고, 장점은 또 무엇이었는지 떠올려 보자.

이제 10년 후에는 어떨지 생각해 보자. 어떤 모습을 하고, 어떤 노래를 듣고, 생일 케이크로 무엇을 주문할까? 아마 **다음** 10년 동안 어떻게 변하고 성장할지 상상하는 것보다 **지난** 10년 동안 어떻게 변했고 성장했는지 되돌아보는 게 훨씬 쉬울 것이다.

하버드대 심리학과 교수이자 베스트셀러《행복에 걸려 비틀거리다》를 쓴 대니얼 길버트Daniel Gilbert를 비롯한 여러 연구자는 이런 현상을 보고 '역사가 끝났다는 착각'을 하는 것이라고 말했다. 어떤 시점이든, 앞으로 자신이 변하지 않을 것이라 생각한다는 말이다.

우리는 앞으로도 지금과 같은 취향과 가치관을 가지고 똑같은 음악을 즐겨 들을 것이라 확신한다. 그러나 과거에 이미 조금씩 변화를 겪었다. 길버트는 과거 모습을 돌아보는 사람들이 어떤지 말했다. "우리는 미래의 자신이 과거 모습을 돌아보며 지금 우리처럼 생각할 거라고는 짐작조차 못 하는 것 같습니다. 매 순간 지금이 가장 잘났다고 생각하지만, 그건 아닙니다."[10] 우리 인간은 지난 수백 년간 같은 일을 되풀이했다. 항상 '지금' 세대가 최고라고 생각한다.

한편, 여러분이 미래의 자신을 상상할 때 뇌에서는 아주 재미난 일이 펼쳐진다. 뇌는 나 자신과 남을 매우 잘 구별하지만, 여러분이 미래의 자신을 그릴 때면 마치 남 보듯한다. 그래서 나(내 뇌)는 20년 후에 생일을 맞이한 미래의 나 자신을 어떤 아저씨나 연기자 정도로 본다. 미래의 내가 되어 **느끼지** 않기 때문에 먼 훗날 내 모습에 **연민**을 느끼지도 않는다.

"미래에 내가 무엇을 느끼는지 알 수 있었으면 좋겠다. 몇 년 뒤의 나를 위해 지금 더 나은 결정을 할 수 있을 테니 말이다."[11] 연구 심리학자 할 허시필드Hal Hershfield는 동료들과 함께 이 문제를 파고 들었다. 그는 연구실에 모인 실험 참가자들의 디지털 이미지를 생성하고, 그들에게 3D 가상현실 고글을 쓰라고 했다. 참가자들은 자신의 디지털 이미지가 담긴 세상에 들어가 자기를 따라 움직이는 거울 속 자신과 마주했다. 참가자 중 절반은 나이 든 모습의 디지털 이미지를 마주하고, 절반은 현재와 같은 모습의 디지털 이미지를 마주했다. 2주 후, 다시 연구실에 모인 그들은 가상 저축 계좌에 투자하라는 요청을 받았다.

참가자들은 **미래**를 위해 **지금** 얼마나 많이 모으려 했을까? 가상현실 속에서 나이 든 모습을 본 참가자들은 현재 모습을 마주한 이들보다 두 배나 더 많이 투자했다. **나이 든 것**이 무엇인지 더 와 닿았기 때문이다.

오늘의 나를 원하는 미래 모습에 연결하려면, 미래를 상상하고 감정을 조절할 줄 알아야 한다. 앞으로 어떤 행동을 해야 할지 알려주고 모든 행동을 평가하는 데 유용하기 때문이다.

나는 아이스크림을 사랑한다. 그런 내가 냉장고에서 아이스크림이 아니라 사과를 집으면, 과학계에서는 집행기능을 담당하는 전두엽Frontal lobe 때문이라고 생각했다. 즉, '행동의 오류'로 보는 것이다. 그러나 여기에 관여하는 또 다른 부위가 있다. 공감, 이타심을 좌우하는 우뇌 측두두정접합Right temporoparietal junction(rTPJ)이다.

봄철의 내가 아이스크림 먹기를 단념한 이유는 아이스크림을 끼고 살면 수영복이 입기 싫어질 미래의 나에게 공감하기 때문이다. 기업에서는 제품을 출시할 때 항상 '정서 예측' 또는 '선행 감정'이라고 하는 이런 심리학 개념을 이용한다. 예를 들어, 고운 거품이 나는 바디 워시가 약속하는 보드라운 피부가 어떤 **느낌**일지 상상하게 하려 한다. 구매자가 미래에 가까워질수록, 지갑을 열 가능성이 높아지기 때문이다.[12, 13]

우리는 미래의 자신과 후손에 더 가깝게 느낄 방법을 찾아야 한다. 현재 우리는 물론이고 미래 세대에게까지 도움이 될 결정을 내릴 수 있도록 머릿속에 타임머신을 하나씩 띄우길 권한다.

일본의 연구자들은 시민들을 대상으로 '현세대를 위해 돈이나 자원을 배분할 때 지속 가능한 해결책과 그렇지 않은 것 중 어느 쪽을 택하겠냐'고 묻는 연구를 진행했다. 이때, 일부 집단에만 미래 세대를 대표하는 참가자를 투입했다. 미래 세대와 함께한 집단은 60퍼센트가 지속 가능한 해결책을 선택했다. 반면 미래 세대가 존재하지 않았던 집단은 28퍼센트만이 지속 가능한 해결책을 택했다.[14]

이외에도 일본에는 '미래 설계'라고 하는 게 있다. 주민들이 스스로 2060년에 산다고 생각하며 마을 계획 문제를 논하는 회의다. 웨일스에는 최소 30년 후의 관점에서 법안이 미칠 영향을 평가하는 미래 세대 위원이 있으며, 스웨덴에는 미래부 장관까지 있다.

우리는 **구체적인 상상**을 통해 더 나은 방향으로 나아갈 수 있다. 미국에 국방부 정도의 예산을 가지고 미래 문제를 선제적으로 해결하는 정부 부처가 있다면 어떨까? 법안에 따라 누가 영향을 받는지 실제로 볼 수 있도록 큰 창이 난 어린이집이 국회에 있다면? 창을 통해 보이는 아이들이 자기 자녀이거나 손자라면 어떤 미래가 펼쳐질까?

기업에서는 미래를 생각하려는 목적으로 임원 회의실에 의자 하나를 더 마련할 수도 있을 것이다. 아마존Amazon은 작은 회의라도 '고객'을 대표하는 빈 의자 하나를 따로 두게 한다.[15] 이제 아마존 같은 대기업이든 지역 푸드 뱅크 같은 작은 비영리 단체든 모든 주요 임원 회의실에 미래 세대와 그들이 필요로 하는 것을 나타낼 빈 의자 하나를 마련한다면 어떨지 상상해 보자.

나는 이런 일을 집에서 자그마하게 실행에 옮겼다. 벽난로 선반 위에, 우리 부모님과 처가 어른들 사진과 함께 우리 다섯 식구 사진까지 올려두고 그 옆에 미래 세대를 위한 빈 액자를 뒀다. 유월절이면 선지자 엘리야를 위해 자리를 마련해 두는 게 전통이지만, 후손을 위해 자리를 비워둔다. 우리 가족은 미래의 주인공을 기다리며 비어 있는 액자와 의자를 보면서, 아이들이 제 조상들처럼 저녁 기도문을 읽는 소리를 듣고, 부모님의 비법이 담긴 고기 요리를 맛본다. 그 순간 마치 나 자신이 과거가, 또 미래 세대가 된 듯 **느낀다.**

롱패스 연구소에서는 조금 더 피부에 와닿는 내러티브를 바탕으로 미래를 향한 공감을 불러일으키고 초세대적 공감이라는 맥락을 이해할 수 있는 활동을 만들었다. 우선, 지금 어떤 세대들이 사회를 구성하고 있는지 생각해 보자.

제2차 세계대전 이후 세대: 베이비붐 세대(1946년~2060년)
문화 가속 세대: X세대(1961년~2079년)

뉴 밀레니엄 세대: 밀레니얼 세대(1980년~2094년)

실시간 연결 세대: Z세대(1995년~2109년)

이어서 각 세대가 저마다 사회에 미친 영향을 떠올려 보자. 이들이 사는 동안 무엇이 변했으며 무엇이 중요한지도 생각하자. 여러분은 위의 네 세대와 어떤 관계를 맺고 있는가?

이제, **앞으로 등장할** 또 다른 네 세대를 상상해 보자. 뭐라고 불리고, 무엇을 할까? 어떤 목적을 가지고 어떤 특성을 보일까? 무엇 때문에 어려움을 겪을까? 다 같이 번성하기 위해서는 무엇을 필요로 할까?

미래가 암울할 것이라 속단하지는 말자. 기후 위기, 핵전쟁, 디스토피아를 그린 영화부터 생각한다면, 미처 싹도 틔우지 못한 초세대적 연결과 공감은 짓밟히고 말 것이다. 대신, 미래 세대가 누릴 즐거움이 무엇일지 느껴보자. 그들이 경외심을 품고 우리에게 감사한다고 생각해 보자. 그런 생각에 집중한다면, 후손에게 무엇이 필요할지 속속들이 알게 될 것이다. 결국, **무엇을 해야** 하고, **하지 말아야** 하는지 잘 분별해 후손에게서 존경은 물론이고 감사 인사까지 받게 될 것이다.

과거, 현재, 미래는 항상 여러분과 함께한다. 크고 작은 결정을 내릴 때마다 서로 다른 초능력을 가진 슈퍼히어로처럼 곁에 머무른다.

다음 장부터는 미래를 파헤쳐 보겠다. 우리가 어떤 미래로, 어떻게 향할 수 있는지 상상할 차례다.

미래를 향한 공간 연습하기

앞으로 등장할 네 세대의 이름을 적어보자.

_____ 세대: _____ 세대(2010년~2129년)

_____ 세대: _____ 세대(2030년~2144년)

_____ 세대: _____ 세대(2045년~2159년)

_____ 세대: _____ 세대(2060년~2175년)

위 목록에서 한 세대를 선택하고 다음 질문에 답해 보자. 반드시 모든 질문에 다 답하길 바란다. 미래를 향한 공감은 연습해야 익숙해지기 때문이다.

● 그들에게 어떤 메시지를 남기고 싶은가?

● 그들이 어떤 윤리와 가치관을 가지고 살기를 바라는가?

● 그들은 여러분이 오늘 내린 결정을 어떻게 생각할까?

● 그들을 위해 무엇을 하고 있는가? 뭔가 해야 하는 게 있는가?

● 그들이 무엇을 버리고, 또 무엇을 뛰어넘기를 바라는가?

● 그들에게 무엇을 후회했다고 전할 것인가? 또한, 어떤 말로 영감을 줄 것인가?

4장

창조

미래 그리고
우리가 미래를 만나는 방식

우리은하를 넘어 마실 가듯 우주여행을 떠나
꼭 안아주고픈 우주 동물을 만나고,
유인원과 대화를 나누며,
타임머신을 타는 모습을 그릴 수 있는
상상 속 미래에서조차
유럽 혈통을 이어받지 못한 사람들이
100년 후 어떻게 살아갈지 헤아리지 못하는 지금,
우주 차원에서 미래를 다시 생각해 봐야 한다.

이타샤 L. 워맥Ytasha L. Womack
저술가, 아프리카 미래학자

우리는 미래를 생각할 때, (굳이 말 안 해도)앞으로 무슨 일이 일어날지를 가정한 형태인 '공식적인 미래Official Future'를 떠올린다. 수요와 공급에 따라 가격이 변하고, 어린 친구들이 정규 교육을 받고, 정치인들이 표 얻자고 입에 발린 소리를 하고, 빈부격차가 없어지지 않을 게 당연하다고 생각한다. 미래는 다 **정해져** 있다. **원래** 그렇기 때문이다.

공식적인 미래는 없다

우리는 항상 공식적인 미래를 써 내려가며 힘을 얻었고, 솔직히 그런 방식을 좋아한다. 선하면 천국에 가고, 악하면 지옥에 갈 것이라는 논리라던가 대학에 가면 좋은 직을 가지겠지만 안 가면 막다른 길에 몰리게 된다는 식으로 인생에서 성공하기 위해 명확한 규칙과 지침을 선호한다. 역사가 닐스 길먼Nils Gilman은 이런 글을 남겼다.

"무궁무진한 가능성이 펼쳐질 미래와 함께라면, 정신적으로 지친다. 사람들은 확실한 미래를 원하며, 이런 욕구를 충족하는 게 바로 **공식적인 미래다**."

우리는 정상에 오르기 위해(아니면 적어도 바닥에 처박히지 않게) 어떻게든 어디선가 살아갈 방향을 훤히 보여주는 귀인을 만나고, 삶을 잘 풀어나가기 위해 필요한 것을 손에 쥐고 싶어 한다. 그러고는 일관성 있어 보이는 공식적인 미래에서 목표를 찾고 내일에 관한 불안을 잠재운다. 지난 3장에서 우리에게 미래를 생각하는 힘이 있다는 사실을 살펴봤다. 그래서 우리는 능력 밖이어도 미래를 **알고, 예상하고, 좌우하고** 싶어 한다.

문화마다 공식적인 미래가 존재하지만, 서양에서 현재 따르는 미래는 계몽주의, 과학혁명, 산업혁명에서 출발했다. 그러다 보니 우리는 논리를 중시하고, 과학을 숭배하며, 개인주의에 흠뻑 빠진 채 미래를 생각한다. 논리, 이성, 정량화를 인류의 진보를 보장하는 중요한 요소로 본다.

그 근원은 무엇일까? 인간(중에서도 특히 천재)들이 지력과 기술로 자연을 예측하고 정복할 수 있다는 믿음이다. 따라서 우리가 언젠가 살아갈 세상을 건설(하거나 개척)하는 일은 거대 기업과 전 세계 리더의 몫이다.

공식적인 미래는 삶을 좌우하는 데 힘을 발휘한다. 쭉 뻗은 도로와 그 위를 달리는 자동차를 생각해 보자. 이 둘은 특히 '내일의 세계'라는 주제로 열린 1939년 세계박람회에 뿌리를 두고 있다.

이 박람회에서 제너럴 모터스General Motors, 포드Ford 등 여러 자동차 회사는 놀라운 전시를 선보이며 자동차가 사람들을 중요한 곳에 데려다 줄 거라는 공식적인 미래 이야기를 펼쳐보였다. 그렇게 자동차와 도로가 인간의 발전으로 향하는 다음 단계가 되었고, 이어서 10년 내로 약 6만 6,000킬로미터에 달하는 고속도로를 건설한다는 '연방 지원 고속도로법'이 출현했다. 이처럼 공식적인 미래에는 앞으로 다가올 세상을 그리는 힘이 있다. 그 미래는 (냉전 시기에 소비에트 연방에서 모스크바 지하철 전역에 부착했던 선전물 내용처럼)유토피아일 수도, (망망대해에서 헤엄치는 북극곰 사진을 담은 환경 단체의 기금 모금 편지처럼)디스토피아일 수도, 아니면 (잡지에 실린 새로운 다이어트 광고처럼)그 중간일 수도 있다. 그간 기술과 과학은 자동차 외에 다른 분야에서도 발전을 거듭했고, 공식적인 미래 역시 그에 발맞춰 모습을 바꿨다.(지구의 운명이 다해도 걱정 없다. 화성을 정복할 수 있으니까! 삶이 무의미한가? 딱 맞는 애플리케이션으로 극복할 수 있다!)

그러나 위로를 안겨주는 공식적인 미래에 문제가 하나 있다. 언젠가부터 설득력을 잃었다는 점이다. 예전 패러다임이 듣지 않는 조간대에서 특히 그렇다.

나를 비롯해 여러 미래학자가 봤을 때, 모두를 아우르는 하나의 공식적인 미래라는 개념에 **금이 가고** 있다. 현재 기술을 둘러싼 공식적인 미래를 자세히 뜯어보면 이런 사실을 알 수 있다. 잘 보면, 공식적인 미래가 우리에게 자유와 행복에다가 생존 위협을 넘어설 힘까지 주는 것 같지는 않다.

지나치다 싶을 정도로 기술을 가까이하는 청소년층의

자살률이 2007년 이후로 매년 증가하고 있다.[1] 진료에 도움이 되는 첨단 기기를 갖춘 의사들 역시 높은 비율로 번 아웃을 토로한다.[2] 해수면이 계속해서 상승하고, 전염병이 하루가 멀다고 찾아오는 가운데 산림이 무섭게 타들어 가고 있다. 2018년에 미 상원에서 발표한 보고서에 따르면, 기술은 미국 정치 시스템을 조작할 수 있는 생태계를 조성하기까지 했다. 이 보고서는 "SNS는 사람들이 자연스레 불만을 공유하고 참여에 나서는 장에서 약삭빠른 정치 컨설턴트가 조작해 이념 상관없이 정치인들 입맛에 맞게 사회를 통제할 수 있는 도구로 전락했다."[3]고 밝히고 있다.

기술을 가지고도 궁지에서 빠져나갈 수 없을 때가 있다는 사실을 알게 되면, 단 하나의 공식적인 미래라는 개념이 그 자체로 얼마나 문제인지 분명히 알 수 있다. 공식적인 미래는 혼란스러운 사회에서 경험하는 것들을 모두 큰 그림 속에 질서 있게 배치해 편안함을 안겨주지만, 그건 사실이 아니다. 공식적인 미래에 금이 가기 시작할 때 무슨 일이 벌어질까? 우리의 이야기가 논리를 잃고 허물어질 때 말이다.

여기서 롱패스의 또 다른 대들보가 해결책을 제시할 것

이다. 우리가 더 창의적이고 포괄적으로 미래를 생각할 수 있도록 말이다.

미래를 향한 시야 넓히기

예지Foresight, **탐지**Prospection, **사전 가정**Prefactuals, **재구성** Backcasting, **심적 시뮬레이션**Mental simulation 등 미래를 진단하거나 생각할 때 내뱉는 고상한 용어가 참 많다. 그 탓에 이

론적으로 느껴지지만, 우리는 항상 미래를 진단하고 있고 굳이 특정한 방식을 취하지도 않는다.

사회 심리학자 로이 바우마이스터Roy Baumeister가 동료들과 함께 실시한 연구에 따르면, 참가자들은 과거보다 미래를 세 배 더 생각했고, 지금 일상을 보내며 하는 생각 중 3분의 1가량이 미래에 영향을 줄 것으로 봤다.[4] 그러나 우리가 생각하는 미래는 그다지 멀지 않다. (단기주의에서 벗어나지 못하고)세탁물 찾기, 치과 예약, 세금 신고를 챙기는 데 그친다.

남이 만들어 놓은 공식적인 미래를 넘어 두 단계 이상을 더 내다보고 싶다면, 스스로 미래를 진단하는 연습을 해야 한다. 별로 어렵지 않다. 심지어 의식하지 않고 할 수도 있다.

자, 방금 청혼을 수락한 젊은 여성 나이사의 마음과 생각을 들여다보자. 우선, 그녀는 앞으로의 삶을 연인과 함께하기를 마음속 깊이 원했다. 또한, 함께한다면 놀라운 미래와 모험을 맛볼 수 있을 것이며, 손을 꼭 붙잡고 인생의 모든 굴곡을 헤쳐 나갈 수 있을 것 같아 청혼을 승낙했다.

이 사이좋은 연인이 약혼을 발표하자마자, 공식적인 미래를 바탕으로 주변 사람들이 분주하게 움직이기 시작한다. 그녀의 어머니는 집안 대대로 전해 내려오는 면사포를 딸에게 씌워주고 싶어 다락방을 헤집고, 미래의 시어머니는 신혼 생활은 적당히 즐기고 아이를 낳으라며 눈치를 준다. 한편, 머리가 희끗해진 다정한 아버지는 교구 목사에게 전화를 걸어 교회 예배당에서 결혼할 수 있을지 알아본다. 나이사도 남자친구도 종교 생활을 하지 않는데 말이다. 어떻게 하면 서로를 향한 사랑을 가장 잘 보여줄 수 있을지, 친지들 앞에서 평생 함께하겠다는 서약을 어떤 식으로 할지 깊이 생각하기도 전에 두 사람은 휘둘리고 말았다. 그렇게 결혼 잡지, 웨딩 플래너, 출장 뷔페 업체, 베이커리, 드레스 업체, 보석상, 이벤트 공간, 핀터레스트 보드까지 개입해 연간 500~800억 달러의 수익을 내는 결혼 시장에 이익을 안겨줄 결혼식을 짜 맞춘다.[5]

진저리가 난 나이사는 약혼자와 함께 휴대전화를 무음 모드로 해 놓고 공원 벤치에 앉아 노트북을 편다. 둘은 예전에 가봤던 결혼식이 어땠는지 대화를 나누고, 텔레비전이나 영화에서 봤던 결혼식 장면에 웃음을 터뜨리며, 결혼식 전통 중에서 의미 있어 보여 실제로 하고 싶은 것들을 모아 목록으로 정리한다. 또한, 지난 몇 년간 건조한 여름이 끝날 무렵 갑자기 산불이 일었던 것을 기억하고는 늦봄에 식을 올리기로 한다. 두 사람이 바라는 야외 결혼식을 올리면서 연기 탓에 숨이 턱턱 막히고 싶지는 않았기 때문이다. 그리고 기온 문제로 자주 자리를 뜨는 일이 없도록 저녁 시간에 피로연을 열어 하객들에게 가볍게 음식을 대접하기로 했다. 하객 생각을 하니, 결혼식 내내 좋은 분위기를 유지하기 위해 이혼한 삼촌 부부를 따로 떨어뜨리는 게 좋을 듯했다.

나이사는 약혼자와 함께 감정 이입까지 하며 결혼식을 여러 번 상상한다. 약혼자가 어떤 모습일지, 서약할 때 자기가 어떻게 눈물을 흘릴지, 부모님이 어떤 표정을 지을지, 세상에서 가장 사랑하는 사람들을 한날한시에 모아놓으면 어떨지, 언젠가 증손자를 무릎에 앉히고 약혼자와의 러브 스토리를 들려주면 어떤 마음일지 상상해 봤다. 가슴이 벅차올랐다.

이 모든 생각, 감정, 열망이 한 데 작용하는 가운데, 나이사는 약혼자와 함께 결혼식을 앞두고 타협하며 결정을 내리고, 원하는 미래를 펼쳐나가기 위해 어떤 단계를 밟을지 생각한다. 그렇게 공식적인 미래가 주는 부담을 이겨내고 둘의 사랑을 보여주며 **지지해주는 미래**를 공동 창작한다.

눈치챘을지도 모르지만, 이 과정에서 나이사는 3장에서 살펴본 **미래 지향적 사고**와 **세대를 초월하는 공감**이라는 활동을 하고 있었다. 이런 식으로 우리 모두 미래를 진단할 수 있다. 이런 능력은 뼈에 붙은 근육 같아서 가끔은 스트레칭하듯 가볍게 연습해야 하고, 무릎에 앉힐 증손자를 생각하며 지구력 훈련을 하듯 온전히 발휘하는 연습도 해야 한다. 이것이 바로 우리 호모 사피엔스가 미래를 탐지하는 능력을 가지고 한 사람의 결혼과 삶뿐만 아니라 전 인류의 번영을 향해 나아가는 방식이다.

함께하는 미래를 상상하라

미래를 생각할 때는 의도성Intentionality이 필요하다. 인류가 1만 년 후에도 있을 걸 생각하면, 우리는 마음을 가다듬고 실제로 여기 **있고 싶은지**, 보고 느끼고 싶은 세상이 무엇인지 결정해야 한다.

기술만이 아니라 우리의 마음과 내면 모두를 고려해야 한다는 뜻이다. 그러지 않는다면 인류는 1만 년은커녕 1,000년도 못 버틸지 모른다.

아이러니하게도 우리는 **바라지 않는 미래**를 더 적극적으로 생각하고 있다. 《시녀이야기》, 《1984》, 《멋진 신세계》, 〈터미네이터〉 시리즈 같은 널리 알려진 작품들에서는 그간 주로 디스토피아적 미래를 그려왔다. 많은 사람들이 이런 경고를 받아 들고 만일의 사태에서 도망치는 데 집중한다.

반면, 앞으로 나아가기 위해 무엇을 원하는지는 충분히 논의하지 않는다. 도망치는 데 익숙한 우리 모두 '부정성 편향'을 겪는다. 나쁜 일에 온 신경을 집중해 좋은 일을 무시하는 것이다. 그렇게 부정적인 상태에서 중요한 결정을 내린다. 무엇이 **가능한지** 생각하는 데엔 에너지를 쓰지도 않은 채 말이다.

공식적인 미래로 향하는 기차에서 홀로 과감히 뛰어내리는 것은 마치 황량한 서부에 발을 딛는 것 같다.

의도성과 **추진력**을 미래에 접목하면 겁이 나겠지만, 해방감도 느낄 수 있다. 일단 '공식적인 미래'가 남의 말을 옮긴

것에 불과하다는 사실을 알아야 한다. 그러면 무엇이든 가능하며 조간대 반대편에서 실제로 여러 도착지에 다다를 수 있다는 사실을 깨달을 수 있다.

미래는 몇몇에 의해 만들어지지 않는다. 과거부터 현재까지 살아온 우리가 미래를 만드는 주체다. 때문에 뒤죽박죽 엉킨 조간대에서 현재 우리의 행동이 후에 기하급수적으로 영향을 미칠 수 있다.

그렇다고 혼돈과 복잡계 이론까지 생각할 필요는 없다. (나비효과처럼)작은 행동조차도 큰 영향을 끼칠 수 있으며, 미래는 미리 정해진 게 아니라 무궁무진한 동시에 역동적이고 새롭다는 점만 알고 있으면 된다.

여기서 생각해 볼 질문이 있다.

어떻게 해야 미래가 어떨지 일러주는 단체, 산업, 종교 없이 모두 민주적으로 참여하며 미래에 영향을 줄 수 있을까? 어떻게 해야 여러 가지 다양한 모습으로 항상 발전해나갈 미래에 **지지를** 보내는 동시에 **다들 기여할** 수 있을까?

롱패스를 적용하여 **단 하나의 미래**라는 개념을 없애고 **여러 미래**에 초점을 맞추면 된다.

앞으로 나아가는 길이 하나로 딱 정해진 게 아니라 여럿 있으며, 서로 어울리며 창의적으로 작용한다고 생각해 보자. 공식적인 미래란 없다. 새로운 **참여형 미래**들 Participatory Futures이 우리를 기다리고 있다. 공식적인 미래가 격식을 차리고 정해진 대로 연주하는 클래식 편곡 같다면, 참여형 미래들은 지금껏 들어본 중 가장 멋진 재즈곡이다. 이 세상을 이루는 요소들과 미래로 향하는 과정이 합을 맞추는 재즈 연주자들처럼 서로 영향을 주고받으며 마법 같은 미래를 만들어 내는 것이다.

공식적인 미래를 따를 필요가 없다고 말한 사람이 내가 처음은 아니다. 미래학자 조지프 보로스Joseph Voros는 다양한 미래를 반영해 보로스 콘Voros cone(또는 퓨처스 콘Futures cone)이라는 딱 맞는 이미지를 만들어냈다. 나는 이것을 롱패스 관점에서 조금 각색했다.

보로스 콘을 보면, 현재 우리의 행동과 '공식적인 미래' 사이에 길이 어떻게 나 있는지 알 수 있다. 보로스 콘을 문명 수준에서 따져볼 수도 있지만, 나는 '팀'이라는 가상의 인물과 함께 개인적인 관점에서 바라보고자 한다.

팀은 캔자스주 러셀이라는 보수 세가 강한 외딴 지역에

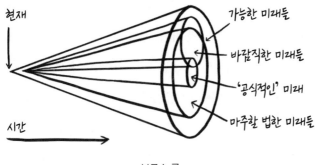

현재

가능한 미래들

바람직한 미래들

'공식적인' 미래

시간

마주할 법한 미래들

보로스 콘

서 자랐다. 그는 물론이고, 가족과 지역사회까지 신봉하는 **공식적인 미래**에 따르면, 그는 안정적인 직업을 가지고, 참한 여자와 결혼해 아이 둘을 두고, 부모님을 돌보며 매주 교회에 가고, 보수 진영에 투표하다가 결국 집안 남자들처럼 심장병으로 삶을 마칠 운명이다.

이제, 이 좁디좁은 공식적인 미래를 확장해 팀이 **마주할 법한 미래들**을 생각해 본다면 어떤 일이 벌어질까? 팀은 안절부절못하며 뭘 원하는지 모르지만, 고향 땅을 떠나고 싶다는 것만은 안다. 그런데 어떻게? 그는 동네에서 정말 인기 있는 스포츠인 나스카NASCAR(National Association for Stock Car Auto Racing. 전미 개조차 경주. -역자 주)에 출전하는 드라이버가 되기로 마음을 굳힌다. 드라이버가 되면, 여

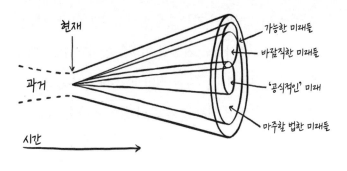

현재

과거

시간

가능한 미래들

바람직한 미래들

'공식적인' 미래

마주할 법한 미래들

롱패스 보로스 콘

기저기 다니며 돈을 벌고, 삶도 더 다채로워질 것이다.

이제 보로스 콘을 더 확장해 **가능한 미래들**을 살펴보자. 팀은 요리를 좋아하고, 꽤 잘한다. 따라서 러셀을 벗어나기 위한 방법으로 (실제로 좋아하지도 않는)나스카 대신, 요리 학교 진학을 택할 가능성이 더 크다. 아니면, 의학전문대학원이나 음악이 탈출구일 수도 있다. 물론, 가능한 미래들에도 한계는 있다. 사회적 수준에서 미래학자들이 **메가트렌드**라고 부르는 세상의 구조나 변화 요인 때문이다. 모든 것이 디지털로 바뀌는 메가트렌드로 인해 인쇄 매체가 명맥을 이어 나가기 힘든 상황에서 팀이 신문을 발행한다면, 꽤나 어려울 것이다.(여기에 대해서는 이 책의 뒷부분에 실은 부록 '롱패스 메가트렌드'에서 더 자세히 알 수 있다.)

한계를 넘어 무엇이 가능한지 상상했지만, 아직 끝나지 않았다. 팀은 요리사라는 가능한 미래를 맞이할 수 있지만, 그런 미래를 진지하게 생각한 적이 없다. 운전보다 요리를 더 좋아하지만, 정말 원하는 게 요리일까? 마음속 가장 깊은 곳에 자리한 가치관에 일치하는 게 무엇일까? 직장에서든 집에서든 하루를 의미 있게 만들어 주는 게 무엇일까?

가슴이 콩닥거리게 하는 게 정말 뭘까? 자신의 삶을 보고 미래 세대가 어떻게 생각했으면 할까? 바람직한 미래들을 맞이하려면, 미래뿐만 아니라 과거를 살피고 애초에 어떤 힘이 작용해 결정에 도달한 건지 분석해야 한다.

무엇이 팀을 현재 캔자스주 러셀에 사는 한 집안의 14대손으로 존재하게 했는지 진지하게 생각할 때, 팀은 세상을 살아가는 방식을 더 다양하게 상상할 수 있다. 조상들처럼 자기 역시 어떻게 맹목적으로 공식적인 미래를 따랐는지, 왜 지금처럼 미래를 생각하는지도 알 수 있다. 미디어, 교회, 학교, 집안의 영향을 받아 기독교 신자이자 이성애자이며 돈 잘 버는 믿음직한 가장이 돼야 한다는 믿음 말이다.

여기서부터 자기가 실제로 원하는 것을 분리할 수 있다. 이제야 팀은 바깥에 나가 자연을 흠뻑 느끼는 시간을 **정말** 좋아한다는 사실을 깨닫는다. 가족과 함께 로키산맥으로 휴가를 갈 때면 언제나 더없이 행복했다. 얼굴에 스치는 바람을 느끼며 내리막을 따라 스키를 타는 모습을 그려본다. 게다가 그는 남을 도울 때 항상 크나큰 목적의식을 느꼈다. 그래서 군사 작전 중에 팔다리를 잃은 사람이나 신체장애가 있는 아동과 같이 움직임에 제약이 있는 사람들에게 스키를 가르치는 게 어떨지 궁금했다.

내리막을 따라 나는 듯한 자유를 경험할 수 없는 사람도 스키를 탈 수 있도록 돕는다면 어떨까? 사람들이 마음을 열어 무엇이 가능한지 알아내는 데 작은 힘을 보탤 수 있다면?

우리는 모두 팀처럼 다양한 미래를 가지고 고민한다. 영국의 화가이자 교육자인 존 레인의 책《조금 내려놓으면 좀 더 행복해진다》에는 이런 우화가 있다.

어느 기업가가 낚싯배 옆에 누워 파이프를 입에 물고 있는 어부를 보고 이해할 수 없다는 듯 이렇게 물었다.

"왜 낚시를 하지 않는 거요?"

"충분히 잡았으니까요."

"더 잡는 건 어떻소?"

"왜 그래야 하죠?"

"더 많은 돈을 벌 수 있지 않소? 배에 모터를 달아 더 멀리까지 나가면 더 많은 고기를 잡을 수 있을 테고. 번 돈으로 질기고 튼튼한 그물을 사서 물고기를 더 잡아 돈을 더 버는 거요. 곧 배 두 척, 아니 여러 척을 사고도 남을 돈을 벌 거고 나처럼 부자가 되겠지."

"그러면 또 뭘 하죠?"

"가만히 앉아 삶을 즐기는 거요."

"제가 지금 뭘 하고 있는 걸로 보입니까?"[6]

여기서 기업가는 애초에 왜 그런지 생각조차 하지 않고 **공식적인 미래**로 향하는 길을 따르고 있다. 여기에는 과학적인 근거가 있다. 쾌락의 쳇바퀴Hedonic treadmill라고도 하는 '쾌락 적응Hedonic adaptation'이 그것이다. 쾌락 적응이란 사람들이 뭘 사거나 성취해도 계속해서 행복의 기준이 높아

지기만 하는 현상이다. 그래서 기업가는 행복해지려고 돈을 더 벌려고 한다. 슬슬 행복이 사라지면? 다시 더 벌려고 한다. 그는 인생이라는 쳇바퀴 안에서 무엇이 행복을 가져다주며, 어디로 이끄는지 진지하게 생각하지 않은 채 행복을 붙잡으려 더욱더 열심히 일한다.

만약 그가 주위를 둘러볼 수 있다면, 자신이 어디로도 향하지 않는다는 사실을 깨닫고는 일을 손에서 놓고 다른 데 에너지를 쓰기로 마음먹게 될 것이다.

우리도 다 같이 쳇바퀴를 하나하나 뜯어보자. 대학생 중 60퍼센트가 너무 불안한 나머지 인생을 즐기지 못한다고 하는 상황에서,[7] 예일대학교 로리 산토스Laurie Santos 교수는 '행복 수업'을 개설했다. 개교 이래 단연 가장 인기 있는 강의다.

'좋은 삶'이라는 방정식을 완성하기 위해 학생들이 **공식적인 미래**만을 향해 나아가야 한다면 모두 들고 일어나 새로운 방정식을 세워야 한다. 누가 그런 엄청난 스트레스와 불안감이 도사리는 미래를 원하겠는가? 견딜 수 없는 삶을 누가 원하겠는가?

나만의 보로스 콘 만들기

잠시 시간을 내 보로스 콘을 여러분 자신에게 대입해 보자.

여러분의 공식적인 미래는 무엇인가? 어떤 이유와 환경 때문에 그런 결과에 다다랐는가?

이제, 호흡하자. 깊게. 어깨도 탈탈 털자. 턱에서 힘을 빼 도록 하자. 혀도 입천장에서 떼자.

그런 다음, 생각을 확장해 마주할 법한 미래들을 떠올 려 보자. 버거울 수도 있지만, 결국은 다들 할 수 있을 것 이다. 어떤 심상이나 기억이 떠오르는가? 오감을 발휘해 앞으로 다가올 일을 그려볼 수 있는가? 잠깐 메모를 해 도 좋다.

여기까지 했으면, 여러분은 주의를 다른 데로 돌리려 노 력한다는 사실을 자각할 것이다. 아니면, 의심이나 자조 섞인 생각을 품을 수도 있다. 부정적인 생각을 떨치고 조금 더 멀리 나아갈 수 있는지 보자. 이미 최대한 많이 온 사람도 있겠지만, 괜찮다. 상상력을 발휘해 순전히 환 상 같겠지만 가능한 미래들에서 마주할 만한 아이디어 나 감정을 떠올려 보자.

재미를 붙였다면, 더 말이 안 되는 생각을 해 본다. 미소 짓듯 눈에 힘을 풀고 입꼬리를 살짝 올려보자. 마음이 따뜻해지고, 사람들 사이에서 겉돌지 않고, 신나고, 호기심이 드는 가능한 미래들에 다가갈 수 있는지 알아보자. 이런 미래에서는 무엇이 등장할까?

여러분은 보로스 콘을 얼마나 넓힐 수 있는가? 가능성의 한계를 밀어붙이는 것은 어떤 느낌인가?

'원하는 미래'가 아닌
'바람직한 미래'를 꿈꿔야 하는 이유

소크라테스는 '성찰하지 않는 삶은 살 가치가 없다.'고 말했다. 감히 나는 여기에 '성찰을 거치지 않은 미래는 싸워서 지켜낼 가치가 없다.'고 덧붙이고 싶다.

사람들이 자신의 삶을 넘어 생각하는 것 외에도 원하는 미래들을 철저히 살펴보고 그런 미래가 어디서 비롯하는지 파악하는 사회. 그게 바로 미래학자로서 내가 가진 가장 큰 목표이다.

사람들은 단 하나의 공식적인 미래가 아니라 참여형 미래를 생각하고 있을까? 온전히 성찰을 끝낸 바람직한 미래를 생각하고 있을까, 아니면 성찰 중에 본 어떤 미래를 무심결에 따르고 있을까? 우리는 개인, 산업, 사회, 문명 측면에서 이 질문을 적용할 수 있다.

주의력결핍 과다행동장애Attention Deficit Hyperactivity Disorder(ADHD) 문제를 생각해 보자. 지난 20년간 이 증상의 진단율이 6.1퍼센트에서 10.2퍼센트로 급격히 늘었다.[8] 그에 따라 약 처방도 늘었다.

ADHD를 치료하지 않고 방치하는 '카이런'이라는 아이를 만나보자. **공식적인 미래**에 따르면, 앞으로 이 아이는 고생을 하게 될 것이 뻔하다. 성적도, 자존감도 떨어질 것이다. 그래서 큰 성공이라는 **원하는 미래**를 이루기 위해 ADHD약을 복용하기 시작한다.

그러나 이것은 **바람직한 미래**가 아니다. 바람직한 미래에 다다르기 위해 성찰까지 하려면, 더 먼 과거와 미래로 가야 한다. ADHD는 카이런뿐만 아니라 아버지와 할머니에게도 있었을 것이다. 그러나 과거에는 알려지지 않았고, 진짜 문제도 아니었다. 카이런의 할머니는 중학교에 다니다 그만뒀고, 아버지는 다양한 활동을 통해 에너지를 발산하며 학교에서 귀염을 받아 좋은 성적도 거뒀다. 카이런도 ADHD를 그냥 넘길 수 있다. 그러나 시대가 달라졌다. 좋은 성적을 받아 대학에 진학해 하루 여덟 시간 동안 앉아 일하는 직업을 가질 생각이라면, 하루 여섯 시간 공부하고, 추가로 밤에 두 시간 정도 숙제를 해야 한다. ADHD는 예전에 비해 진단하기도 훨씬 더 쉬워졌다. 게다가 전문가들이 신경학적 차이를 잘 알고 정확히 짚어내 잘 듣는 약을 처방한다.

이제 미래를 생각해 보자. 카이런의 자녀와 손주는 어떤 미래를 마주할까? 아마 미래에는 유전 강화Genetic enhancement, 학습 및 행동 '이상' 신속 판별 등 다양한 도구를 마음대로 활용할 수 있어 성과를 최대한으로 끌어올리는 데 한층 더 가까워질 것이다. 그의 최종 목표는 최고의 성과일까? 누가 뭘 보고 최고의 성과라고 할 것인가? **바람직한 미래**에서는 다들 신경학적으로 문제가 없을까? 아니면 행복하고 생산적인 삶을 위해 특정한 모습만을 보일 필요 없이 신경학적으로 다양한 특성을 가진 사람들이 한데 어울릴까?

두 미래에서 성공은 어떤 모습인가? 우리는 자신에게 유리하다는 이유로 우리를 우물 안에 가두는 기득권층이 써 내려간 공식적인 미래를 고분고분 따르고 있는가, 아니면…… 주도적으로 살아가고 있는가?

최고의 미래가 **무엇**인지 논할 수 있어도 또다시 질문해야 한다. 카이런은 주변의 기대에 맞추려 약을 먹을 수 있지만, 고통을 감수하고 그 환경을 극복해 스스로 변화할 수도 있다. 한 해가 지나면, 다른 상황에서 완전히 다른 질문을 하고 있을지 모른다.

탈무드에서는 '사람은 **항상** 의문을 품어야 하며 질문을 계속 해야 한다.'고 한다. 그래야 더 나은 해결책을 찾을 수 있다는 것이다. 따라서 성찰해야 만날 수 있는 바람직한 미래는 **중간 과정**이지 최종 목적지가 아니다.

이제 개인이 아니라 산업 측면에서 생각해 보자.

끊임없는 성장과 이익 증가가 **공식적인 미래**인 한 자동차 회사를 몰래 관찰한다고 상상해 보자. 임원들이 자연스레 고객의 니즈를 충족시킬 수 있는 신차에 집중하는 모습을 목격할 것이다. 이 회사는 전기차로 전환하는 데 거리낌이 없고 탄소 배출량을 감축하는 움직임의 최전선에 합류하기를 기대한다. 그래서 1회 충전에 주행거리 640킬로미터를 달성하려 애를 쓰고 있다. 더 적은 양의 에너지로 더 긴 거리를 주행하는 것이 고객의 니즈라 여기기 때문이다.

이때 전기차의 비전은 탄소 배출량을 줄일 **원하는 미래**다. 그러나 성찰을 더한 **바람직한 미래**는 아니다. 우리가 원하는 게 효율이 더 높은 자동차일까, 아니면 더 효율적인 이동 방식일까? 이 회사는 전기차 생산 시설에 어마어마한 시간과 자금을 투자하기 전, '애초에 왜 사람들에게 자동차가 필요할까?'라는 질문을 던져보았을까? 어쩌면 학교, 병원, 마트, 직장 등 일상적으로 다니는 곳을 자전거나 도보로 15분 이내에 갈 수 있도록 유럽에서 진행 중인 '15분 도시' 정책에 맞추는 게 **바람직한 미래**가 아닐까?

그렇다고 해서 이 회사가 시대에 뒤떨어지지는 않을 것이다. 자동차는 여전히 장거리 이동에 있어 중요한 역할을 할 테니 말이다. 그러나 성찰을 더해 지역사회까지 포함하는 바람직한 미래에 합류하려면, 이익을 바탕으로 한 가지 미래에만 초점을 맞추는 고정관념부터 깨야 한다.

굶주림, 가난, 난민 문제와 같이 이 세상의 크나큰 문제를 해결해야 하는 단체에도 똑같은 논리가 적용된다. 다만, 훨씬 복잡하다. 자동차 회사는 언제든 목표를 가지고 존속할 수 있지만, 굶주림을 해결해야 하는 비영리 단체는 필요를 다해 없어지는 게 **바람직한 미래**다. 그러나 내가 수년간 컨설팅했던 여러 비영리 단체는 그런 미래에 이를 수 없다. 당장 해결해야 하는 위기에 대처하느라 바쁘다.

이해할 수는 있지만, 답답한 일이다. 이미 벌어진 일을 해결하는 데 급급할 게 아니라 서서히 사라질 프로세스를 구축하라는 제안에도 다른 미래를 쉽사리 떠올리지 못한다. 비영리 재단이 생각하는 **공식적인 미래**는 디스토피아가 따로 없다. 굶주림, 가난, 난민은 사라지지 않을 것이며 상황이 더 악화할 것으로 본다. 원래 그러니까 말이다.

내 주장은 이렇다. 수십 년이 걸릴 수 있지만, 우리는 성찰을 더해 **바람직한 미래**로 나아가기 시작해야 한다. 그렇지 않으면, 결코 그런 미래를 맞이할 수 없을 것이다.

앞서 소개한 논리는 스티브 잡스와 같은 사람들이 옹호하는 '거꾸로 일하기(개발자가 아니라 고객의 관점에서 일하는 방식. -역자 주)'와 같다. 대부분의 기업은 기발하게도 제품을 세상에 선보이는 날에 내놓을 가상의 보도 자료를 가지고 신제품 개발에 나선다. '고객의 기쁨'이라는 비전을 설정하고 실제로 구현하려 순서를 거슬러 개발하는 것이다. 만약 비영리 단체가 최소한 행동에 나서지 않아도 되는 세상을 목표로 한다면, 어떤 식으로 일할 수 있을까? 필요를 다하는 날에 내놓을 가상의 보도 자료에는 어떤 내용이 담길까? 이때 바람직한 미래는 어떤 모습일까?

여기에서 그치지 말고 문명 측면에서 더 파고들어 보자. 우리 **호모 사피엔스**가 한 사람도 빠짐없이 모두 만나 관계를 맺고 살아가야 한다면 무슨 일이 벌어질지 상상해 보자. 우리의 **공식적인 미래**는 비영리 단체에서 생각하는 것처럼 모두 자기 잇속만 챙기는 디스토피아일 것이다. 반면, **원하는 미래**는 권력이 분산되고, 사회적 정의가 있으며, 빈부격차가 있긴 하지만 무시할 정도인 사회일 것이다.

성찰까지 더한 **바람직한 미래**는 권력의 양상이 매우 다른 곳이다. 모든 사람이 재능을 최대로 끌어올려 행복과 함께 자원까지 지켜내면서 더 나은 세상을 꾸려갈 환경을 상상할 수 있을 것이다. 물질적인 풍요로움은 제조업계와 마케팅의 홍보 문구에 그치지 않고 모두의 번영을 보장할 것이다. 사람들은 보다 강한 주체 의식을 가지고 본인이 가진 최고의 자아를 드러낼 수 있다. 기술 역시 주주만이 아니라 모두를 위해 작용하며 바람직한 미래로 나아가기 위한 동력이 된다. 이런 세상에서 우리는 아마 매일 영적이고도 심적인 발전을 이뤄나갈 것이다. 미래에 계속 의문을 품고서 더 빠른 컴퓨터뿐만 아니라 넓은 아량과 분별력까지 손에 쥐려고 노력할 것이다.

요점은 이렇다. 우리에게는 **궁극적인 목표**, 즉 그리스어로 '**텔로스**'라고 하는 게 있다. 텔로스는 존재를 향해 '**무엇 때문인가?**'라는 가장 근본적인 질문을 던진다. 이 텔로스를 생각하며 살아갈 때 비로소 우리는 바람직한 미래로 향할 수 있다.

미래를 구체적으로 상상하기

앞서 살펴봤던 롱패스 보로스 콘으로 잠시 돌아가 보자. 여러분의 공식적인 미래는 무엇이었는가? 바람직한 미래는?

이런 미래를 집단 차원에서 생각할 수 있을까? 다시 말해, 사회 구성원 각각이 내놓은 원하는 미래들과 여러분의 것이 자연스럽게 어우러지는가? 그것은 바람직한 미래와 가까운 방향인가?

여러분이 내일의 세상을 주제로 세계 박람회를 개최한다면 어떤 모습일까? 그리고 어떤 모습으로 사회에 비춰질까?

나의 '이타카'는 어디인가?

《오디세이》의 주인공 오디세우스는 전쟁터에서 10년을 보내고 귀향길에만 또 10년을 보낸다. 그의 텔로스는 분명했다. 그는 고향 이타카와 사랑하는 아내 페넬로페를 생각하고 있었다. 바람에 뱃머리가 돌아가도 가야 할 곳이 어디인지 알고 있었다.

정신과 의사이자 홀로코스트 생존자인 빅터 프랭클은 저서《죽음의 수용소에서》를 통해 강제 수용소에 있을 때 '저 밖에 해야 할 일이 있다는 것을 아는 사람들이 끝까지 살아남았다.'고 전한다. 그에게도 텔로스가 있었다. 출판 준비를 마친 원고를 몰수당한 후 원고를 복원하는 것이었다. 그는 수용소에서 발진티푸스에 걸려서도 원고 복원에 참고할 메모를 여러 장 쓴 일을 이렇게 표현했다. "빼앗긴 원고를 복원하려 한 덕에 바이에른 강제 수용소의 어두침침한 막사 아래서 심장병 위험을 넘길 수 있었다."⁹

이제 문명 수준에서 텔로스를 상상해 보자. 우리는 어떤 목표를 향해 노력하고 있는가? 예수의 재림? 메시아의 출현? 혹은 사이보그로 재탄생하는 것? 다른 건 또 뭐가 있을까? 우리는 언제 어디서 이런 대화를 전 세계 사람들과 함께 나눌 수 있을까?

텔로스는 롱패스를 떠받치는 두 번째 대들보(미래지향적 사고)에 없어서는 안 되는 요소이다. 세월에 따라 조금 달라질지라도 결국 목적이 노력을 유도하기 때문이다. 즉, **텔로스는 행동의 이유**이다.

우리는 바람직한 미래를 원하며, 그러려면 끊임없이 성찰해야 한다는 사실을 알고 있다. 그러나 무엇을 기준으로 성찰해야 할까? 오디세우스처럼, 우리에게도 **이타카**(불변의 목표)가 필요하다. 종종 '이타카를 잃었다.'고 말하는 사람들도 있지만, 나는 그들에게 애초에 이타카가 있었는지 의문이다. 어찌 됐든, 우리에게는 어떤 어려움이 있어도 목표에서 눈을 떼지 않을 수 있도록 이타카가 필요하다. 이게 바로 텔로스고, 살면서 마주하는 트렌드나 메가트렌드를 넘어서는 개념이다.

여기서 나는 대담하게 모든 독자가 따를 공통의 텔로스를 정하려 한다. '테레사 수녀의 연민, 아인슈타인의 지능, 한 해 200만 명에 달하는 해비타트Habitat for Humanity 자원봉사자의 협동정신을 갖춰 50만 년 전 먼 친척은 물론, 지금의 우리보다 더 나은 **호모 사피엔스**를 목표로 하는 것'이다. 여러분은 우리가 (AI를 장착한 사이보그 덩어리가 아니라) 여전히 인간으로서 조금 더 나은 존재로 거듭나, 불필요한 고통에서 해방되고, 세대를 넘나드는 트라우마를 뿌리 뽑을 수 있는 세상을 원할 것이다. 또한, 개인뿐만 아니라 사회적인 수준에서 인간의 잠재력을 극대화하고 미래 세대를 위해 우리의 지구를 건강하고 활기차게 유지할 수 있는 세상을 바랄 것이다.

많은 사람들이 여기까지 듣고 되묻는다. "아니, 맞는 말이긴 한데 대체 어떻게 그런 세상에 도달하겠어요?"

우선, 텔로스는 아무리 손을 뻗어도 닿지 않는 수평선처럼 머나먼 존재가 아니다. 따라서 이상적이고도 마법 같은 방식에 기댈 필요가 없다. 또한, 작가 피터 블록Peter Block이 말했듯 '어떻게?'라고 하며 손 놓고 있기보다는 '이렇게'라며 적극적으로 나서야 한다. 조금만 신경 쓰면 된다. 텔로스는 마치 나침반처럼 궁극적인 목표에 행동과 결정을 맞추는 방법이다. 방향을 바꾸려면 텔로스와 일치하는지만 따져 보자.

임원 회의실에서 텔로스를 고려하면, 인신매매를 종식하고 생존자가 더 나은 삶을 살 수 있도록 힘쓰는 레블Rebbl과 같은 식음료 회사가, 리조트뿐만 아니라 주변 지역에까지 도움이 되는 유기농법을 창안한 플라야 비바Playa Viva와 같은 호텔이, 아이가 자라면 팔았던 옷을 되사서 조금 손보고 되팔거나 재활용하는 자칼로Jackalo와 같은 의류 회사가 탄생한다.

1장에서 말했듯 나는 딸 루비가 스페인어 숙제를 제출하지 않았다는 알림을 보고 나서 딸아이의 미래를 두고 단기주의와 사회적 압박감에 격하게 반응할 뻔했지만, 텔로스를 떠올려 조용히 넘어갈 수 있었다. 그리고 언성을 높이다 딸과 서먹해지는 원치 않는 결과뿐만 아니라 **정말 원하던 것**까지 깨달았다. 나는 성적이 당연히 2순위로 밀려나는 세상, 즉 아이들이 성적으로 자신을 정의하지 않고 남들을 생각하며 살아가는 세상을 원했다.

육상 트랙 건설 업무를 하던 내 친구 미셸은 텔로스를 떠올리고는 튼튼하게 오래 갈 트랙을 건설하는 것은 기본이며, 결과물이 적어도 일부나마 사회와 환경에 미칠 영향을 바탕으로 평가하는 세상을 원했다. 아마 미셸은 수백 년이 지난 미래에 자신과 똑같은 일을 하는 사람이 있다면, 그 사람이 단기주의에 치우쳐 비용을 걱정하기보다는 주저하지 않고 미래 세대를 생각했으면 하고 바랐을 것이다.

여기서 공통점은 '텔로스를 반영한 집단적 번영'이라는 비전이다. 번영은 가만히 있기만 해서 얻을 수 있는 것이 아니며, 유토피아도, 귀중한 이상도 아니다. 《반지의 제왕》에서 골룸이 소중히 집어 드는 절대 반지도 아니다. 오히려,

모든 사람과 생태계에 형평성, 선, 성장, 후손 양성 욕구, 연결, 의미, 회복 탄력성, 활력을 선사해 행복을 이어 나가는 것이다.[10,11]

추상적인 것 같아도 그렇지 않다. 암스테르담 근처 호혜베이라는 작은 마을에서 직접 목격할 수 있다.

호혜베이는 흔히 생각하는 마을과 다르지 않다. 집, 마트, 공원, 식당, 술집이 있고, 거리, 골목, 벤치가 있다. 사실 여기는 알츠하이머병과 치매를 앓는 환자들이 지내는 요양원이다. 호혜베이의 공동 설립자인 이본느 판 아메롱엔 Yvonne van Amerongen은 동료들과 함께 알츠하이머 요양원이 현실과 다르다는 사실을 깨닫고 호혜베이 프로젝트를 시작했다고 밝혔다. 기존 요양원은 수십 명을 가둔 폐쇄 병동 같아서 그렇지 않아도 정신없는 입소자들이 그동안 알던 삶을 모조리 빼앗기고 나날이 혼란스러워만 한다. 이런 모습에 아메롱엔과 동료들이 공식적인 미래를 밀어붙여 바람직한 미래로 바꾼 결과, 호혜베이가 탄생했다.

아메롱엔은 이렇게 말했다. "모두 재미있고 의미 있게 살고 싶어 합니다. 집 밖으로 나가 쇼핑을 하고 사람들을 만나고 싶어 하죠. 그런 사회적인 삶은 중요합니다. 사회의 일원이라는 소속감을 주기 때문이죠. 진행성 치매를 앓는다 해도 사람들에게는 소속감이 필요합니다." 아메롱엔은 동료들과 함께 위엄과 인간성이라는 가치를 중심으로 주민들이 평소와 같은 환경에서 서로와, 직원과, 자원봉사자와 상호작용할 수 있는 집단적 번영을 구현하기로 했다. 기존 요양원을 지을 돈이면 충분했다.

아메롱엔은 이렇게 덧붙였다. "다르게 생각하는 게 중요

롱패스 사고 훈련 11.
문제에 대한 두 가지 해법 찾기

여러분 앞에 있는 위기나 얽히고설킨 문제를 생각해 보자. 직장에서 겪은 일, 집에서 해결해야 하는 일 뭐든 좋다.

두 가지 관점에서 문제의 해법을 찾으면 어떨까? 하나는 문제를 잠잠하게 할 즉각적인 해법. 다른 하나는 미래를 위해 캐럽 나무를 심는 롱패스 사고를 반영한 해법.

문제를 마주할 때마다 이 두 관점에서 해법을 찾아보면 어떨까?

합니다. 지금, 앞에 있는 사람에게 필요한 게 뭘까요? 사고의 틀을 깨고 미소를 지으며 행동에 나서는 여러분일 겁니다. 돈 한 푼 들지 않는 일이죠."[12]

지금까지 롱패스를 따라 깊이 생각하고 여러 감정에 접근하며 사고방식을 바꿨다. 그러나 원하는 비전을 향해 나아갈 수 있는 **행동**이 필요하다. 생각하고 느끼기**만** 해서는 약속의 땅으로 갈 수 없다. 길에 들어서 걸어야 한다.

끝이 보이지 않는 여정이긴 하다. 그래서 어디서부터 어떻게 시작할지 알아보기 위해 영리한 공학자와 작은 금속 조각 이야기를 보며 영감과 지혜를 얻으려 한다.

롱패스 사고 훈련 12.

바람직한 미래 상상하기

지그시 먼 곳을 바라보며 집단적 번영을 그려보자. 할 일도, 압박감도 없이 가만히 앉아 일출이나 일몰을 보면서 공상을 하는 것이다.

시야 끄트머리에서 수평선이 아주 살짝 휘는 것이 느껴

지면서, 여러분이 지구 위에 발을 딛고 빙그르르 돌며 우주를 유영하고 있다는 사실을 깨달을 것이다. 이렇게 넓게 보면, 우리 자신의 문제와 걱정은 아무것도 아닌 듯하다.

이 세상에 태어나 수백만 년 전에도 있었고, 수백만 년이 지나도 있을 저 먼 수평선을 바라보는 건 기적이다. 무엇도 신경 쓸 필요 없이 평화롭다. 여러분이 나서지 않아도 날은 밝고 저물 것이다. 주변에서 새와 곤충이 날갯짓한다. 잔디나 모래 위로, 널어놓은 빨래 사이로 바람이 인다.

자, 이제 스스로에게 묻자.

무엇에 평화를 느끼는가? 무엇에 기뻐하는가? 언제 소속감을 느끼는가? 언제 안전하다고 생각하는가? 무엇을 보고 사랑받고 있다고 느끼는가?

주변에서 다른 소리도 들릴 것이다. 개 짖는 소리, 분주히 오가는 차 소리가 들리는 가운데 사람이든 아니든 어떤 대상에 집중할 수 있는지 보자. 그리고 나지막이 그 대상에게도 똑같이 질문하자.

무엇에 평화를 느끼는가? 무엇에 기뻐하는가? 언제 소속감을 느끼는가? 언제 안전하다고 생각하는가? 무엇을 보고 사랑받고 있다고 느끼는가? 결과가 괜찮으면, 자신 있게 소리 높여 다른 사람에게도 같은 질문을 던져 보자.

진짜로 들었든 상상했든 남의 답 중에 여러분이 내놓은 답과 겹치는 게 있는가? 차이점은 무엇인가? 상충하는 가? 모든 답이 공존하는 세상을 그릴 수 있겠는가? 조화가 필요한가? 창의적인 타협점을 찾을 수 있을까?

시간이 있다면, 초세대적 공감까지 적용하고 먼 미래를 살아갈 인간에게도 같은 질문을 해보자.

트림 탭: 자기 안의 잠재력을 끌어내라

미 해군은 제2차 세계대전 동안 (한때는 우리 어머니의 스승이었으며)발명가이자 미래주의자인 버크민스터 풀러에게 중요한 문제를 해결해달라고 의뢰했다.

전쟁터에는 거대한 배가 필요했지만, 크기가 큰 배일수록 뱃머리를 돌리기 어렵다. 그렇다고 해서 기동성을 포기할 수는 없는 노릇이었다. 풀러는 이 문제를 해결하기 위해 방향타 뒷부분에 경첩을 달아 너비가 15센티미터 정도 되는 금속 띠인 트림 탭Trim tab을 부착했다. 이 작은 금속 조각으로 인해 밀려드는 물살을 역으로 이용할 수 있게 되었다. 트림 탭은 커다란 방향타를 움직이는 데 필요한 힘을 발생시켜 거대한 배를 돌렸다.

후에 풀러는 인간의 잠재력을 이 **트림 탭**에 비유했다. 흐름에 역행하려고 하면, **아주 작은 변화**로도 커다란 결과를 내놓을 수 있다는 것이다. 심지어 그의 묘비에는 '트림 탭이라고 불러다오.'라는 말이 새겨져 있다.

어떻게 보면 지금 우리의 경험은 거대한 전함과 같다. 너

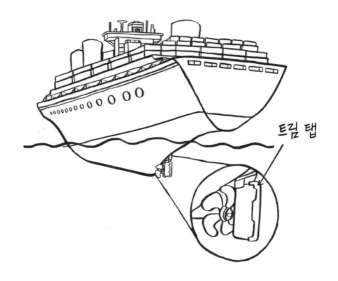

트림 탭

무 커진 나머지 지금 와서 방향을 바꿀 수 없을 것만 같다. 그래서 우리는 (파국이 기다리는)공식적인 미래를 향해 전속력으로 물살을 가르며 나아간다. 그러나 방향을 바꿔야 한다는 사실을 깨닫고 저항을 이용할 힘을 찾을 수 있다면, 한 사람만 나서도 배를 **돌릴 수** 있다.

모두가 매 순간 트림 탭을 발휘하는 세상을 상상하고 그런 세상이 현재와 미래에 어떤 영향을 미칠지 생각해 보자. 갑자기 희망이 샘솟는다!

트림 탭은 작은 행동이 큰 영향을 일으킬 수 있으며, 여러분이 자신의 삶, 조직, 사회를 위해 지금 당장 할 수 있는 행동이 파급력을 일으킬 수 있다는 것을 보여준다. 바람직한 미래를 염두에 둔 채 텔로스에 방향을 맞추고, 번성하는 세상을 향해 한 발짝 다가갈 수 있다.

훌륭하기는 하지만, 대체육과 중고 의류를 사거나 농산물 직판장에서 장을 보는 것만 트림 탭이라고 생각하지 말자. 사람들은 소비자로서 행사할 수 있는 힘과 시장과의 상호작용을 생각하는 데만 익숙해서 아메롱엔이 호혜베이를 소개할 때 말하는 '다른 사람과의 상호작용에서 오는 힘'

에 관심을 두지 않는 경향이 있다. 그러나 길을 건너는 어르신을 돕는 상냥한 사람이 될 수 있고, 권력 남용에 단호히 맞서는 굳센 사람이 될 수도 있다.

트림 탭은 진실, 화해, 큰 변화를 향해 둘러 가는 방식이 아니다. 나 자신, 지역사회, 단체, 사회의 발전을 향해 곧바로 뛰어들어 더 큰 변화를 일으키는 방식이다. 소스 코드의 일부분을 바꿔 전체 알고리즘이 잘 돌아가도록 하는 것과 같다.

간단한 예시를 살펴보자. 나는 멀티태스킹을 참 잘한다. 특히 기술이 개입하는 순간에 멀티태스킹이 다른 사람과의 관계에 영향을 준다는 사실을 알고 있다. 그런가 하면, 먼 미래에도 우리가 여전히 감정을 느끼고, 의사를 표현하고, 공감하며 인간만이 할 수 있는 일을 했으면 한다. 그래서 건물 출입구에서 출입증을 스캔하는 아주 짧은 순간에도 여러 사람과 눈을 맞추며 미소 짓는 **의미 있는 순간**을 나누는 것을 트림 탭 중 하나라고 생각한다. 나에게는 당장 확인할 수 없어도 영향을 **퍼뜨리는** 이런 일이, 미래에도 인간성을 보존할 수 있는 방식이며 우리뿐만 아니라 미래 세대 역시 살고 싶은 세상을 만들 시작점이다.

다른 식으로 부른다 해도 여러분에게는 이미 트림 탭이 여럿 있을 것이다. 어디서 무엇을 구매할지 생각하는 것일 수 있으며, 매일 아침 자녀를 꼭 안아주는 일일 수도 있다. 아니면, 마음속에서 들려오는 부정적인 목소리에 아니라고 대꾸하는 것처럼 완전히 혼자서 감당하는 일도 있다.

종류가 뭐든 트림 탭을 움직여 **지배적인 흐름을 거스르기** 시작해야 **원하는 미래**를 향해 서서히 **배를 돌릴** 수 있다.

나는 미래를 굉장히 낙관적으로 본다. 식구들과 스페이스엑스SpaceX의 로켓 발사 장면도 챙겨 본다. 인간이 해내는 모든 일에 경외심을 품을 수 있기 때문이다.(사실, 식구들이 나한테 맞춰주는 건지도 모르겠다.)

우리 **호모 사피엔스**는 놀라운 **위업**을 이룰 수 있다. 길고 긴 역사의 발자취를 돌아보면, 지구가 태양 주위를 돈다는 사실을 코페르니쿠스가 처음으로 인식했던 때부터 내가 소파에 앉아서 로켓이 발사되는 장면을 볼 때까지 그리 오래 걸리지 않았다. 참 대단하다. 따라서 우리는 이런 놀라운 능력을 이용하고 **올바른** 방향으로 이끌어야 한다.

곁에 찾아온 조간대를 발판 삼아, 단기주의 충동을 억누르고서, 먼 과거와 곧 있을 미래를 아울러 사고한다면 더 나은 미래를 열 수 있다. 개인주의를 고집하거나 자기주장만 해서는 안 된다. 함께 노력해야 한다. 함께할 동료를 찾아야 한다.

5장

번영

더 나은 세상을 위해
함께 하기

삶을 온전히 알고 숭배할 때,

항상 깨어 있고 흔들리지 않을 수 있다.

개인적인 구원은 없다.

서로 힘을 합칠 때,

이 세상이 스스로 치유할 방법을 찾을 수 있다.

조애나 메이시 Joanna Macy
미국의 작가이자 환경 운동가

두 마을 사이로 가파른 협곡이 나 있는 광경을 상상해
보자. 사람들 몇 명이 이 협곡을 지나기 위해 이런저런 방
법을 비교한 끝에 결국 줄 하나에 의지해 조심조심 한 발
짝씩 내디딘다. 이윽고 협곡을 건너고 싶은 사람들이 더 모
여들어 힘을 합쳐 밧줄로 다리를 만든다. 튼튼하게 만들
었어도 군데군데 손을 보거나 줄을 바꿔 매야 하는 다리
다. 시간이 흘러 어느 날 두 마을 사람들이 만나 튼튼한 다
리를 건설할 기금을 모으기로 한다. 밧줄을 엮어 만든 허
술한 다리가 아닌, 세대를 이어 오랫동안 이용할 수 있는
그런 다리이다. 두 마을 사람들이 힘을 합쳐 만든 이 다리
덕에 이제 원활하게 물건을 사고팔고, 아플 때 먼 길을 돌
아서 갈 필요도 없으며, 전보다 더 많은 사람과 교류할 수
있다.

단 한 사람이 촉매가 되어 필요한 것과 비전을 찾을 수도 있지만, 많은 사람이 해결책의 덕을 보려면 다들 한마음 한뜻으로 움직여야 한다. 그러므로 세상 모두가 제각기 롱패스를 받아들인다면 바람직한 미래를 향해 천천히 전진할 테지만, 같은 모습을 그리는 이들이 힘을 합치면 바람직한 세상을 향해 전속력으로 갈 수 있다.

'빨리 가고 싶으면 혼자 가고, 멀리 가고 싶으면 함께 가라.'는 말이 당연하다 생각해도 우리는 항상 정반대로 나아가 생각하고 행동한다. 미국 사회만 해도 '여럿에서 하나로 Out of many, one.'라는 좌우명을 가지고도 여럿이 힘을 합친 것보다 개인의 노력을 더 높이 사는 모순을 보여준다. 멀리 갈 필요 없이 서점에 무더기로 쌓인 자기계발서만 봐도 혼자 부단히 노력해서 **자기**를 사랑하고, **자기**를 몰아붙이고, **자기**를 알자고 한다. 나도 조금 찔린다. 이 책에서 롱패스를 전하며 지금껏 여러분에게 자신의 사고와 행동에 노력을 기울이라고 했기 때문이다.

롱패스를 추구하는 우리는 개인 차원을 넘어선 더 크고 넓은 비전을 가져야 한다. 그리고 한 사람 한 사람의 목표는 인류를 위한 더 넓고 전체적인 궤적, 즉 3장에서 소개한 '더 훌륭한 호모 사피엔스를 세상에 내놓겠다는 프로젝트' 안에 포함되어야 한다.

힘을 합친 우리는 삼각 격자를 여럿 엮어 무게를 고르게 나눠 갖는 '지오데식 돔'처럼 서로 앞에서 끌어주고 뒤에서 밀어주게 될 것이다. 지오데식 돔은 어느 한 곳에서 생긴 일이 전체 반응에 영향을 주는 이런 밀고 당기기에서 자신만의 힘을 얻는다. 시시각각 변하는 혹독한 환경이 펼쳐지는 에베레스트산에 간다면, 여러분은 지오데식 돔 원리를 적용한 텐트를 칠 것이다.

만약 조간대를 헤치고 인류 전체에 영향을 미치려 한다면, 불확실한 시기가 이어지는 동안 어떻게 해야 도움을 받는 동시에 주기도 할지 알아야 한다.

지오데식 돔

밀고 당기기와 상호의존을 활용해 더 강하면서도 잘 회복하고, 적응하며, 창의적인 존재로 거듭나는 것. 그게 바로 지금 우리에게 필요하다. 실제로 여기저기서 영향을 주거니 받거니 하며 힘을 나눌 때 그런 미래에 가장 쉽게 가까워질 수 있다. 이 세상 속에서 사람, 아이디어, 문화가 서로 맞부딪힐 때 훨씬 더 재미난 일이 벌어질 새로운 공간과 길이 열린다는 말이다.

밀고 당기기가 없었다면, 크루아상과 도넛이 만나 더 맛있어진 크로넛이 태어나지 않았을 것이다. 또한 저명한 음악가 린 마누엘 미란다Lin-Manuel Miranda가 제작에 참여해 미국 건국의 주역 알렉산더 해밀턴의 일대기에 힙합을 적극적으로 입힌 경이로운 뮤지컬 〈해밀턴〉도 등장하지 않았을 것이다. 그동안은 힙합 뮤지컬은커녕 재무장관이던 인물을 뮤지컬에 등장시킨다는 생각부터가 말도 안 되는 일이었다. 그러나 힙합, 역사, 기존 뮤지컬 극장이 **서로 엮이며** 새로운 길을 냈다. 불가능할 것 같던 뮤지컬이 돌풍을 일으키며 새로운 세대의 예술가들과 새로운 산업 모델에 영감을 불어 넣었다.

살아 있는 동안 뇌가 성장하며 새로운 연결을 만든다는 '신경가소성'이라는 개념을 2장에서 소개했었다. 이번 장에서 다루는 내용은 협동력과 밀고 당기기를 온전히 활용하기 위해 상호작용에 변화를 일으키는 '사회적 가소성'이다. 존재하는 방식을 완전히 바꾸자는 게 아니라 아주 조금씩 조정해 하루 또는 1,000년 뒤에 있을 기본값 자체를 바꾸자는 말이다.

우리에게는 다 함께 문명을 일으키고, 힘을 합쳐 향후 수천 년간 번영을 누리겠다는 목표에 일치하는 새롭고도 다양한 미래를 상상하는 능력이 있다. 그간 여러 조간대가 있었지만, 세계화와 기술이 이전의 규칙을 완전히 바꾼건 **지금** 마주한 **조간대**가 처음이다. 지금의 조간대는 세상이 촘촘히 연결되어 있어, 지식, 맥락, 수단을 손에 쥐고 무언가를 해치지 않고도 미래를 상상할 수도 있지만 AI, 핵전쟁, 기후 등 다양한 위협을 통해 우리의 존재를 위태롭게 하며 호모 사피엔스의 종말을 불러올 씨앗을 뿌릴 수 있는 최초의 조간대이기도 하다.

이런 조간대에 서 있는 지금, 섬뜩한 동시에 신이 나기도 한다. 여기서 쓰러지거나 뒤처지지 않고 일어나 앞으로

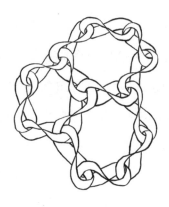

우리는 어떻게 함께할 동료를 찾아
더 나은 존재가 될 것인가?

23세기는 편협함이 사라진 세상일 것이다.

인간이 그렇게 오래 살아남는다면,

인간, 문화 사이의 본질적 차이에서

큰 기쁨을 이끌어내는 법을 터득했을 것이다.

아이디어, 태도 사이의 차이에서

두려움이 아니라 기쁨과 더불어 사는 삶의

다채로움을 알아볼 것이다.

뭐든 그것은 신이 우리에게 주는 위대함의 현시顯示다.

진 로든버리Gene Roddenberry(미국의 시나리오 작가)
《스타트렉 제작기The making of star trek》 중에서

향할 거라면, 어느 한편이나 당파가 아니라 여러 사람과 함께해야 한다. 핵분열하듯 연쇄 반응을 일으키려면, 과거, 현재, 미래의 인류가 모여 격자를 만들어 롱패스로 접어드는 길을 무한정 만들 수 있도록 '존재라는 사슬'을 서로 맞물리게 해야 한다.

동료를 찾아라

'동료를 찾아라.'라는 말은 언뜻 게임 속 과제 같다. 우리가 말하려는 '동료'는 비슷한 생각을 가지고 암구호를 주고받을 몇 사람이 아니다. 조간대에 살고 있는 우리 **모두** 공통된 역사 속에서 한자리씩 차지하고 있는 동료다. 흩어져 있는 '내'가 사실은 '우리'라는 집단의 일부라는 것을 기억하는 게 중요하다. 지금과 같은 분열된 세상에서도, 아니 특히 이 세상에서는 서로의 공통점을 파악하는 데서 모든 게 시작된다.

나는 이런 사실이 흐려질 때마다, 키텔Kittel을 생각한다. 키텔은 유대인 남성이 명절, 결혼 예복은 물론, 수의로도

입는 하얀 가운이다. 우리 어머니는 '키텔에는 주머니가 없다.'고 늘 이야기하셨다. 그러면서 내가 이런저런 불만을 품고 있거나 정체성 탓에 심한 말을 듣고 헤어 나오지 못할 때마다 "그런 걸 담아둘 주머니도 없는데 왜 그러고 있니? 삶이라는 들판에 버려두렴."이라고 말씀하셨다. 명백히 옳은 말이다. 나는 키텔을 볼 때마다 우리가 다들 아무것도 걸치지 않은 채 이 세상에 태어나 도로 그 상태로 떠난다는 사실을 다시금 떠올린다.

친한 친구이자 롱패스 연구소의 동료인 킴벌리 스트리터Kimberly Streeter는 짬이 날 때마다 출산을 앞둔 산모에게는 힘을, 죽음을 앞둔 자에게는 위안을 주는 둘라Doula로 활동하고 있다. 그래서인지 종종 우리 삶에서 가장 인간적인 것으로 삶과 죽음을 꼽는다.

안전한 공간을 마련하고 모든 것을 파악한 상태에서 시기적절하게 돌봄을 지원한다면, 사람들은 생각의 지평을 넓히며 공존할 수 있다. 현재 나를 둘러싼 소소한 사건들이 희미해지고, 내 일정도, 애착도 사라진다. 이어 시간 개념 자체가 허물어지면서 현실보다 더 높은 차원의 정말 중요한 큰 그림과 다시 연결된다. 스트리터는 이렇게 말한다.

"오랫동안 인간은 성인기에 접어들고, 결혼하고, 부모가 되는 등 중요한 변화를 겪는 통과의례를 거쳤습니다. 여러분도 어디엔가 있다가 문턱을 넘어 사이 공간으로 들어서고, 그 이후에 새로운 존재로 거듭날 것입니다 …… 과거의 여러분보다 더 나은 존재로요."

전통적으로 통과의례에는 더 큰 비전이나 의미를 부여하는 오랜 의식과 상징적인 공연이 함께했지만, 지금 우리에게 내실 없이 요란스러운 의식이 필요한 것은 아니다. 성인식이라고 해서 최고급 선물을 준비하고, 결혼식을 한답시고 천장까지 높이 솟은 7층짜리 케이크를 들이고, 아기 성별을 공개하면서 불꽃놀이까지 할 필요가 없다는 말이다. 원래 의미에서 동떨어진 일이기 때문이다.

그저 함께 모여 개인뿐만 아니라 전체에까지 영향을 주는 통과의례를 인정하고 지지하기만 하면 된다. 스트리터는 이렇게 말했다. "조간대는 여러모로 인류의 통과의례입니다. 우리가 100만분의 1 확률로 업그레이드할 기회죠. 이번에는 처음으로 우리 손에 기회가 있습니다. 조간대의 문턱을 넘는 순간, 딱 알아채 통과의례를 안내할 규칙과 의식을 다 함께 정하고 조간대 반대편에서 어떤 존재로 거듭날지 설정할 수 있을 거예요."

조간대 앞에서는 다들 서툴기 때문에, 위대한 결과를 낳을 이 미지의 세상에 함께 뛰어드는 게 가장 바람직할 것이다.

우리는 밖으로 나가 사람들과 서로 마주치며 **인간성**을 느끼고 쌓아가면서 일상 속 롱패스를 함께 실천할 동료를 찾을 수 있다. 2주 전, 우리 가족의 반려견 오지와 함께 공원에 있을 때였다. 구급차가 사이렌을 울리며 달려오다 30미터쯤 앞에서 멈췄다. 몇 분 후에는 응급구조사가 들것에 누워 있는 사람에게 심폐소생술을 실시했고, 곁에서 가족 두 사람이 서로 부여잡고 울고 있었다. 나는 그 장면을 목격하고 종일 충격에 휩싸여 있었다. **곁에서 울부짖던 가족들의 모습이 머릿속에서 떠나지 않았다. 그들이 슬픔에 휩싸여 있던 그 순간, 그곳에 개와 산책을 하던 나도 있었다.** 모르는 사이였지만, 그들과 연결됐다는 느낌이 들었다. 희로애락을 느끼며 살아가는 똑같은 인간으로서 그들의 입장을 충분히 이해할 수 있었던 것이다.

다음 날 저녁에는 동네를 돌아다니다 젊은 아기 엄마를

봤다. 품에 안겨 있던 아기는 정말 어렸다. 태어난 지 2주쯤 돼 보였다. 나는 아기 엄마와 눈인사하고는 **'이럴 수가, 아기가 너무 귀엽네요!'** 라는 뜻으로 손을 심장께에 갖다 댔다. 그러자 아기 엄마는 미소를 지으며 가볍게 묵례했다.

지오데식 돔을 디자인한 버크민스터 풀러Buckminster Fuller의 말을 빌리자면, 우리는 말 한마디 하지 않았어도 '우주선 지구호'에 탑승한 동료 여행자라도 된 듯 서로 연결된 순간을 공유했다. 자그마한 상호작용을 통해 생전 처음 보는 사람들끼리 어제와는 다른 삶이라는 믿을 수 없는 일에 함께 놀랄 수 있는 세상을 맛보고 싶어 한다는 사실을 확인했다.

우리는 내 친구 데이비드 데스테노와 같은 사람들의 연구 덕에 앞서 소개한 공통점을 의도적으로 쌓아나갈 수 있다는 사실을 알고 있다. 그리고 이 사실을 행동으로 옮길 때, 서로 더 나은 존재가 된다. 즉, **남을 위하는 마음이 커질 수 있다**는 말이다.

데스테노의 연구소에서 실시한 한 실험이 있다. 생전 처음 만난 실험 참가자들은 같은 방 안에서 똑같은 리듬을 두드렸다. 이후, 방에서 같은 리듬을 치던 사람 중 하나가 버거운 일을 떠맡자 다들 두 팔 걷고 도와주려 했다. 같은 리듬을 두드리는 몇 분 동안, 사람들은 서로를 낯선 이가 아니라 도와주고 싶은 동료 여행자라고 생각하게 된 것이다.

제1차 세계대전 때도 사람들끼리 연결됐던 유명한 일화를 찾아볼 수 있다. 독일군과 영국군이 서로 반대편 참호에 있으면서 대치하던 서부전선에서의 일이다. 1914년 크리스마스에 양측은 서로를 향해 세레나데라도 부르듯 크리스마스 캐럴을 불렀고, 악수하고, 중간 지대에서 만나 축구를 하기도 했다. 한 영국군 병사가 집으로 보낸 편지에 그 모습이 담겨있다.

"이리 오라고, 영국군 친구. 이쪽으로 오게."라는 말에 우리는 잠시 경계하면서 아무 말도 하지 않았어요. 상관들은 속임수일까 봐 우리에게 조용히 하라고 했고요. 하지만 독일군의 크리스마스 인사를 듣고 참호 여기저기서 대답들을 하더군요. 곧바로 서로에게 총을 겨눌지 모를 상황이었지만, 어떻게 크리스마스 인사를 하지 않을 수 있겠어요? 그래서 당장이라도 총을 들 준비를 하고 독일

롱패스

군과 대화를 이어 나갔죠.

피와 평화, 적의와 형제애가 공존하다니. 전쟁터에서 정말 놀라운 광경이 펼쳐졌어요. 독일군 참호에서 노랫소리가 들려오는 가운데, 피콜로 소리에다가 우리 쪽 웃음소리가 더해졌죠. 그렇게 크리스마스 캐럴과 함께 새벽이 밝아왔어요. 서로에게 총을 겨누는 일은 없었답니다.[1]

다음 날은 싸움이 재개됐지만, 크리스마스에 잠시 찾아왔던 휴전은 참호 전투처럼 두렵고도 호전적인 상황에서조차 공감과 집단적 의지가 빛을 발할 수 있다는 것을 보여준다.

앞서 소개한 일화에 비해 심심해 보일 수 있지만, 지금도 일상에서는 사람들 사이에 연결이 일어나고 있다.

내 친구 크리스티나는 오빠와 사이가 좋았지만, 자라면서 서로 전혀 다른 세계관을 가지게 됐다. 둘은 정치라는 민감한 주제로 자주 치고받다가 상대에게 자기 의견을 납득시킬 수 없을 거란 사실을 알았다. 대화를 해도 이윽고 자기만의 세상으로 돌아갔다. 그래도 둘 사이엔 공통점이 있었다. 독설에 반감을 품었고, 가족을 소중히 여겼다. 결국, 두 사람은 서로의 세상을 지키면서 상대방의 생각을 헤아릴 여지를 두기로 했다. 그래서 크리스티나는 비슷한 정치관을 가진 사람들과 대화하면서 존중을 담아 "저희 오빠는 좀 다르게 보더라고요. 오빠가 이 자리에 있다면, 이렇게 말할 거예요……."라고 덧붙였다.

서로 상대가 할 법한 말을 상상하며 크리스티나 남매는 **공감**을 실천하고 있었다. 그 덕에 **겸손**할 줄 알게 됐으며, **호기심**을 품고 새로운 방식으로 이해할 수도 있게 됐다. 둘은 다른 누군가가 된 채 그들의 세상, 역사, 세계관을 품고 산다면 어떨지 생각하면서 원래 입장에서 한 발짝 물러나 대화를 비교적 조용히 이어갈 수 있었다. 서로의 의견에 동의까지는 하지 않더라도 각자 나쁜 사람이 아니라는 점만큼은 인정했다. 만약 상대가 내놓은 의견이 지나치다 싶을 땐 그 의견이 왜 별로인지, 왜 억압하듯 다가오는지 분명히 말했다. 보복 따위 생각하지 않고 말이다. 크리스티나 남매는 (말 그대로)**밀고 당기며** 서로 공존할 수 있도록 협상하고 있었다. 논쟁이 아니라 대화로 풀어가고 있었다.

결국, 우리는 다음과 같은 통찰을 얻을 수 있다.

첫째, 우리가 서로 밀고 당기면 좋은 결과를 가져올 수 있다. 둘째, 서로 공통점이 아예 없지는 않다. 셋째, 이런 공통점을 행동에 적용하면 사람들 사이의 연결을 키워나갈 수 있다.

지난 장에서 살펴봤던 보로스 콘을 생각해 보자. 지금과 같은 모습을 먼 수평선을 향해 손전등을 비춘 것 같이 생긴 보로스 콘에 빗댈 수 있다. 우리는 그 빛줄기를 따라가다 어디선가 멈출 것이다. (여전히 **마주할 법한 미래나 가능한 미래**를 고집하며)시작점에서 몇 밀리미터 못 가서 멈출 수 있지만, 성찰을 더해 (**바람직한 미래**를 따져보며)더 멀리 갈 수도 있다. 도착하는 곳이 어디든 모두 앞으로 나아갈 것이고 더 밝은 미래를 건설하는 데 제 역할을 할 것이다.

꼭 하고 싶은 말이 하나 더 있다. '동료를 찾는 일'은 그냥 잘해서는 이룰 수 없다. 진실, 화해, 치유가 필요한 현실 속에서 자신만의 대의를 품은 작가, 사상가, 정치가, 사회운동가가 필요하다. 그런 사람이 바로 우리일 수도 있다. 롱패스는 이처럼 다양한 사람들이 모인 **합창**과 다르지 않다. 따라서 동료를 찾으려면, 자신의 몫은 물론이고 모두가 한 목소리를 낼 수 있도록 서로의 톤을 맞추고 화음을 쌓아나가야 한다. 불협화음이 아닌 **조화로운 가락**을 만들자는 말이다.

가까운 사람들을 롱패스 여정에 초대하기

우리는 모두 활동 반경 안에서 동료, 가족, 또래, 친구, 학생, 공동체를 만나고 영향을 퍼뜨릴 수 있다. 이 안에서 삶과 결정에 적용할 롱패스 접근법을 전달해 보자.

여러분에게 사람들의 관심이 쏟아질 수 있다. 이럴 때 호기심을 자극하면서 관계를 맺을 방법이 많지만, 여기서는 **비전, 대화, 촉진, 존재 방식**이라는 네 가지 측면에서 사람들을 어떻게 롱패스 여정에 초대할 수 있는지 살펴볼 것이다.

1. 우리의 비전

우리는 미래에 관해 비전을 그리며 사람들을 끌어들일 수 있다. 선견지명이 있는 사람들은 예술가처럼 '새로운 세계'라는 추상적인 비전을 창조할 수 있다. 정치과학자는 새로운 통치 구조를 상상할 수 있다. CEO는 비전을 제품이나 조직 구조에 반영할 것이며, COO는 그걸 보고 인력을 적재적소에 배치할 수 있다. 학부모들은 학교 폭력 없는 학교를 원할 것이다.

비전을 그리는 데는 자격도 전문 지식도 필요 없다. 아이디어만 있다면, 단순한 이야기와 대충 그린 그림으로도 충분하다. 우리가 사람들과 비전을 공유할 수만 있다면, 머지않아 현실로 마주할 것이다.

스타트렉의 팬이라면 〈스타트렉: 넥스트 제너레이션〉에서 피카드 선장과 지휘관이 집중해서 보던 터치식 노트패드인 '패드PADD'를 기억할 것이다. 아이패드보다 30년 먼저 등장한 태블릿 PC였다. 패드로는 심지어 영상 통화까지 할 수 있었다. 스티브 잡스는 스타트렉의 영향을 받았다는 사실을 굳이 숨기지 않았다. 그는 아이폰 4세대를 소개할 때 이런 말을 했다. "어린 시절, 〈우주가족 젯슨〉과 〈스타트렉〉을 보며 화상 전화를 하는 날을 꿈꿨는데 이제 그 꿈이 현실이 됐습니다!"

아이작 아시모프Isaac Asimov와 같은 여러 공상과학소설

작가와 스타트렉 제작진은 패드처럼 기술의 절정까지 진화한 하드웨어를 상상했다. 여기에 스타트렉은 인종 차별이 여전하던 시절에 흑인 여성에게 우주선 키를 맡기며 소프트웨어의 미래, 즉 우리 사회의 진화까지 그렸다. 공유할 수 있는 비전의 예시가 눈앞에 펼쳐진 덕에 우리는 미래를 향해 공감, 미래지향적 사고, 텔로스를 적용하는 모습을 상상했고, 그 모습을 현실로 만들어 나갈 수 있었다. 스타트렉에서 (스와힐리어로 '자유'라는 의미의 **우후루**Uhuru를 따서 이름 지은 극중 인물인)우후라Uhura 중위가 우주선을 이끌게 된 지 20년도 채 지나지 않아, 흑인 우주 비행사인 메이 C. 제머슨Mae C. Jemison이 우주 왕복선 **인데버**Endeavour호에 탑승했다. 이외에도 우후라 중위 덕을 본 일이 하나 더 있다. 중위가 백인인 커크 선장Captain Kirk과 키스 신을 촬영한 것이었다. 이렇게 스타트렉에서 인종 간 연애와 결혼이 이상하지 않은 세상을 그리고 딱 1년이 지나, 미 대법원에서 인종 간 결혼 금지법을 폐지했다.

화성에서 희망을 전해주러 왔다는 컨셉트로 또 다른 자아인 지기 스타더스트를 내놓은 록스타 데이비드 보위, 밴드 아케스트라를 이끌고 우주를 주제로 행성을 넘나드는 음악 세계를 보여준 유명 재즈 음악가 선 라Sun Ra를 비롯한 아프로퓨처리즘 음악가들처럼 공상과학과 여러 이야기를 매개로 미래를 향한 지평을 넓힐 수 있지만, ('이 오이하고 토마토 교환하는 건 어떨까요?'라는 식으로)정원에서 수확한 작물을 이웃과 교환하고, 이사회에 탄소 저감 계획을 제안하고, 오염 물질을 배출하는 기업을 대상으로 무관용 정책을 수립하고, 상비군을 폐지하면서도 미래 비전에 다가갈 수 있다. 눈에 바로 보이는 효과가 없더라도 꿈꾸는 미래를 열 가능성을 높이는 것이다.

판을 깔고 질문만 해도 시야를 넓혀 미래를 내다볼 수 있다. 이제, 사람들이 가능한 미래를 더 깊이 생각해 볼 수 있도록 **공감할 수 있는 공통점**을 찾는 방법을 알아보자.

2. 우리의 대화

에두르지 않고 분명히 말하면, 다들 여러분 곁에 가만히 앉아서 세상의 본질과 삶의 의미를 주제로 대화를 나누고 싶어 하는 것은 아니다. 따라서 모든 교류와 대화는 상호 동의 하에 시작해야 한다.

앞서 소개했던 크리스티나 남매처럼 비슷한 구석을 찾

고서 대화를 더 전개해도 좋을지 허락을 구하도록 하자. 이 책에서 소개한 내용을 보고 관심을 두는 사람도 있을 테지만, 그렇지 않을 수도 있다. 어떤 사람은 죽음, 미래 후손, 과거 조상을 주제로 열띤 대화를 펼치겠지만, 스포츠 얘기를 하는 게 더 편한 사람도 있을 것이다.(그러면 경기장 건설을 담당했던 내 친구 미셸이나 학교 경기장 잔디를 관리했던 괴짜 정원사 아저씨 일화를 들려주며 대화를 시작해 보자.) 상대를 파악해 현재 수준에 맞춰야지 너무 몰아붙여서는 안 된다. 나는 전에 이것도 모르고 딸아이가 가입한 걸스카우트 단원들에게 문명의 미래에 관해 말을 꺼내는 실수를 저질렀다. (그때 단원들은 물론이고 부모들까지 나를 미친 사람 보듯 했다.)

사람들과 대화를 매개로 교류할 때는 그들의 의견이 그들에게는 사실이라고 생각하자. 여러분이 할 일은 사람들이 여러분과 똑같은 방식으로 생각하도록 설득하는 게 아니다. 서로의 **공통점**을 탐구하고 점차 **늘려나가는** 것이다. 여러분은 경계를 살짝 허물고 편안하게 느끼는 경계를 향해 조금씩 다가서야 한다. 선 넘는 행동만 하지 않는다면 더욱 생산적인 상호작용을 하게 될 것이다.

단기적 사고로는 먼 미래를 생각하기 어렵다. 성급하게 나서 누군가의 귓가에 대고 윙윙 소리를 내며 2분에 한 번씩 피를 빠는 모기 같은 존재가 돼 상황을 악화시키지 말자. 찰싹 때리는 손바닥을 요리조리 피하다 결국 안 좋은 꼴을 당하게 될 것이다!

롱패스를 주제로 대화를 한다면, 대화의 궤적에 주의를 기울이도록 하자. '우리가 어떻게 여기까지 왔을까?'라고 하며 의견을 주고받는 것도 의미 있지만, 그건 반쪽짜리 대화에 불과하다. 나는 과거를 이해하고 과거가 어떻게 우리의 사고와 행동에 영향을 주는지 분석해야 한다고 보지만, 내 방식을 고집할 필요는 없다. 자잘한 인과관계에 집중하느라 앞으로 나아가지 못할 수도 있기 때문이다. 사람들과 교류하며 '어디로 가고 있는가?', '어디에 있고 싶은가?'라는 완전히 다른 주제로 대화를 나눌 수 있는지 살펴보자.

항상 롱패스를 의식하며 대화할 필요는 없다. 롱패스라는 말이 등장하지 않을 수도 있다. 로펌에 다니는 내 친구 호레이쇼는 동료들과 함께 유연 근무제를 논하는 회의에 참석했다. 대화는 실행 계획에서 형평성과 사내 정치로 급격히 흘러갔고, 과거 고충을 미주알고주알 내놓는 단계에 이르렀다. 그래서 호레이쇼는 로펌에서 이루려고 하는 **궁극적인** 목표로 대화 주제를 다시 돌렸다. "뭘 이루고 싶은 걸까요? 애초에 왜 직원들이 전부 사무실에 출근해야 한다고 가정하게 됐을까요? 우리는 어떤 직장을 원합니까? 그런 직장을 어떻게 상상하고 있으며, 바탕에는 어떤 가치가 있을까요?" 그는 **텔로스**라는 말을 꺼내지 않았지만, 그 개념을 접점 삼아 회의 참석자들의 단기적 니즈에서 롱패스가 담긴 목표로 대화 규모를 확장했다.

내 친구 제니퍼 역시 롱패스라는 말을 입 밖으로 꺼내지도 않고 대화에 롱패스를 끌어들였다. 격앙된 채 아버지와 대화를 나눴을 때였다. 제니퍼는 형제들과 함께 부모님의 50번째 결혼기념일 파티를 열었지만, 계획에 문제가 있을까 봐(즉 진화적 수준에서 봤을 때, 집단 내에서 지위에 흠집을 입을까 싶어) 걱정한 아버지의 간섭에 시달렸다. 아버지를 말려도 소용없었다. 그래서 아버지에게 할머니, 할아버지의 결혼기념일을 직접 챙겨줬을 때를 떠올려 보라고 운을 떼고는 선물을 줄 수 있어 얼마나 기분이 좋았는지, 방해받았다면 어떤 기분이 들었을지 생각하라고 했다. 이어서 이런 말도 덧붙였다. "아빠가 오늘 밤 파티를 어떻게 느끼고 싶은지 생각해 보세요. 지금 이 광경을, 우리를, 우리 아이들을, 엄마를 어떻게 기억하고 싶으세요? 그리고 **우리와 우리 아이들이 아빠를 어떻게 기억하기를** 원하세요?" 제니퍼는 아버지와 자기 자신에게 궁극적인 목표인 텔로스를 상기시켜 지금 이 순간에 매여 단기적인 계획에만 머무르던 의사소통을 장기적인 감정을 돌아보는 방향으로 이끌었다.

3. 촉진

비전을 제시하고 대화를 통해 곁에 데려온 다른 사람들을 롱패스로 접어들 수 있게 하려면 무엇을 해야 할까?

일단, 중요한 문제가 뭐든 마음 편히 말할 수 있는 장소를 마련해야 한다. 사람들은 터무니없는 아이디어가 아닌 이상, 처벌이나 굴욕감 없이 목소리를 높일 수 있을 때 심리적으로 안전하다고 느낀다. 이런 상황에서, 우리는 모든 요소를 고려하며 어느 한쪽으로 힘이 치우치지 않는 환경을 조성해야 한다. 발언 순서부터 자리 배치까지 신경 쓰고, 때로는 아예 탁자를 빼버릴 수도 있다.

환경은 중요하다. 구글에서 늘 좋은 성과를 내는 팀에 어떤 차이점이 있는지 알아본 결과, 전문성이나 연공서열이 아니라 팀원들 간의 **심리적 안전**이 효율의 비결이었다. 안전한 공간을 마련해 다양성을 끌어들이고 누구나 참여할 수 있도록 모두 모여 기본 규칙을 만들 때, 우리는 아마 모두에게 이로울 창의적인 제3의 길로 접어들 것이다.

저녁 식사를 하며 죽음에 관한 대화를 나누는 모임인 '데스 오버 디너Death Over Dinner'를 보면, 누구나 안전하게 느끼는 공간을 어떻게 마련할 수 있는지 알 수 있다. 이 모임은 죽음이라는 어려운 주제를 가지고 놀랍도록 의미 있는 대화를 나눌 수 있는 **안전한 공간**을 조성하고 사람들이 즐거운 시간을 보내는 데 필요한 지침을 제시한다. 참여한 사람의 후기를 보고 이 모임이 정말 즐거웠다는 사실을 알 수 있을 것이다! 다들 웃고 울다 서로 연결됐다는 느낌을 안고 떠난다. 죽음은 누구나 공유하는 문제다. 만약, 이 모임에서 낯선 사람들 사이의 어색함을 풀고자 이런저런 질문을 할 때, 먼 미래에 전해질 유산을 생각해 보자고 하면 무슨 일이 벌어질까? 먼 과거의 유산으로 주제를 바꾼다면? 얼마나 의미 있는 경험을 공유할 수 있을까?

정부, 기업, 비영리 단체도 롱패스 촉진자가 될 수 있다.

다양한 인구가 함께 모여 비전을 그리고 결정을 내리는 행사를 후원하면 된다. 2008년, 카리브해에 있는 작은 섬나라 아루바Aruba에서는 국민 5만 명의 참여로 노스 아루바 2025Nos Aruba 2025 프로젝트를 진행했다. 한 자리에 모인 사람들은 전국민적으로 무슨 일을 해야 하는지 생각하며 국가 차원의 지속 가능한 전략 계획을 세웠다. 그 과정을 통해 아루바라는 국가뿐만 아니라 국민이 정부에 관여하는 방식까지 달라졌다.

이보다 훨씬 작은 규모였지만, 1970년대에는 하와이에서, 최근에는 캔자스 시티에서 비슷한 일이 있었다. 캔자스 시티에서는 카우프만 재단Kauffman Foundation이 나서서 광범위한 지역을 대표하는 동시에 다양한 관점을 가진 주민 15명을 대상으로 2일간의 워크숍을 진행했다. 인종 차별의 경계가 된 거리를 따라 오랫동안 분리되어 있던 캔자스 시티가 앞으로는 하나의 교차점을 향할 수 있도록 나아갈 길을 다 같이 만들어 가자고 요청하면서, 이런 말을 건넸다.

"알고 있던 한계를 버리고, 함께 미래를 건설합시다."[2, 3]

여기서 우리 롱패스 연구소가 주최하는 '롱패스.개더Longpath.Gather'를 소개하고 싶다. 롱패스.개더는 참가자들이 이 책에서 소개한 것과 매우 비슷한 활동을 하면서 지역사회로 돌아가 실천에 옮길 기회를 제공하는 모임이다. 서로 다른 생각을 품고 있을지 모르지만, 중요한 문제에 관해 대화를 나누고 싶어 하는 사람들이 모여 롱패스 내러티브를 공유하고 강화하며 실천에 옮기기 위해 노력한다. 웹사이트 Longpath.org에 방문하면, 롱패스.개더의 근황을 자세히 알 수 있다.

4. 우리의 존재 방식

동료를 찾자는 우리의 소명은 사실 알고 보면 사람들에게 영감을 주는 일일 수 있다. 감사 인사를 받고 얼마나 기분이 좋았는지 생각해 본다면, 여러분은 다른 사람에게 더 쉽게 감사 인사를 전할 것이다. 가끔 그런 교류는 마트에서 고개를 끄덕이거나 거리를 지나며 미소 짓는 것처럼 말 한마디 없어도 이루어질 수 있다. 우리의 존재 방식, 즉 우리가 살아가는 방식은 주변에 **연쇄 반응**을 일으킬 **잠재력**을 가지고 있다.

우리는 살면서 저마다 텔로스를 보여주기 좋은 환경을 조성할 수 있다. 만약 누구나 읽고 쓸 줄 알고 책을 읽을 수 있는 세상을 상상한다면, 책을 무료로 빌려주는 작은 도서관을 열 수 있다. 누구나 건강한 식재료를 얻을 수 있는 세상을 상상한다면, 그런 식재료를 구입하기 어려운 지역사회에서 작게 공동 농장을 운영할 수 있다. 만약 조금 더 신뢰할 수 있는 세상을 원한다면, 약속 시간에 맞춰 나가고 안 먹은 사람을 위해 파이 한 조각을 남기면 된다. 일이 있으면 남의 아이도 기꺼이 봐주고, 마트에서 잔돈이 부족한 사람에게 동전을 내어줘도 좋다. 누가 함께할지는 아직 알 수 없지만, 우리부터 시작하면 된다.

이 전략을 아기와 양육자 사이에 발생하는 선천적인 애착과 유대에 빗대 생각해 보자. 아기는 말을 할 수도, 알아들을 수도 없다. 그러나 누군가 돌봐주고 있다는 사실만큼은 **알고 있어야** 발달을 거칠 수 있다. 건강한 애착 속에서 뇌와 신경계의 발달을 거치며 성장하고 **신뢰와 공감**의 토대를 마련한다. 또한, 말이 아니라 어조, 스킨십, 표정, 공감 등 수없이 많은 **세세한 표현**과 **신호**를 통해 안전함과 애정을 느낄 수 있다. 양육자는 자연스럽게 이런 신호를 보여줄 수 있지만, 연습해야 할 수도 있다. 그러다가 나중에는 의식하지 않고 신호를 보여주며 아이와 함께 지낸다.

우리 역시 사회 친화적 신호를 구사할 때, 비언어적 커뮤니케이션에 주의를 기울여야 할 것이다. 누군가 말할 때 그 사람 쪽으로 몸을 기울이거나 보고 있던 휴대전화를 내려놓는 것처럼 관심을 보이는 행동을 하면, 교류해도 좋을 안전한 사람이자 내게 신경 써 주는 사람이라는 신호를 전달할 수 있다. 우리가 이런 방식을 삶에 녹여낸다면, 이웃에게 선의를 보여주려고 엄청나게 노력할 필요까진 없을 것이다. 그 이웃이 **먼 미래에 산다 해도 말이다.** 그저 하던 대로만 하면 되기 때문이다.

롱패스 사고 훈련 14.

비전을 나누고 싶은 사람 발견하기

종이에 격자 모양을 그려 보자. 가운데 즈음에 여러분의 이름을 적고 그 주변에 연결된 사람들의 이름을 생각나는 대로 적어 보자. 지금 이 세상에 살고 있는 여러분과 연결된 과거, 현재, 미래의 사람들을 모두 떠올려 보자는 말이다.

격자 속 어느 지점과 가장 많이 연결됐다고 느끼는가? 어디에 가장 많이 영향력을 미치고 있을까? 어디서 밀고 당겨야 하며, 또 어디서 비교적 부드러운 분위기를 느낄 수 있을까? 어떤 롱패스 비전을 사람들과 나누고 싶은가?

아마 여러분은 접점을 찾아 사람들을 대화에 끌어들이고 싶을 것이다. 사람들과 대화를 나눌 때, 비전이 바뀌거나 더 나아질까? 여러분 중에는 사람들을 이끌고 자신의 비전을 탐험하는 사람도, 남의 비전을 듣고 싶어 하는 사람도 있을 것이다.

롱패스 상호작용

지금껏 데이비드 린치 재단David Lynch Foundation은 초월명상(아침과 저녁에 20분씩 편안히 앉아 눈을 감고 만트라를 외우는 명상법. -역자 주)을 통해 트라우마를 치유하고 회복탄력성을 키우는 데 집중했다. 나는 그 모습을 보고 대단하다고 생각했고, 동시에 재단과 오랜 세월 함께 한 명상 강사이자 평생을 동료를 찾는 데 전념한 레나 분Rena Boone이라는 인물을 알게 됐다. 롱패스의 전형을 보여주는 그녀의 인생 여정을 처음부터 살펴보자.

활기찬 흑인 여성인 분은 사실 험난한 어린 시절을 보낸 데다가 역기능 가정에서 자라기까지 했다. 대학에 진학해서 '인생을 묘사해 보라.'는 과제를 마주하고는 "뭔 놈의 인생이 망할 일들만 연거푸 일어난다."고 중얼거렸다.

그럼에도 불구하고 인생에 의미가 있을 것이라 생각한 그녀는 답을 찾다 초월명상을 발견했다. 수행에 나서자 난생처음 평화를 느낄 수 있었다. 그리고 성장 과정에서 나쁜 기억을 안겨준 부모님을 용서할 수 있었다. 이런 말을 하기도 했다. "부모님, 그 윗세대, 그리고 그들이 겪은 일을 곰곰이 생각해 볼 때, 연민과 사랑만이 떠오르고 내게 생명을 준 데 감사할 따름입니다."

발목을 잡던 기억을 끊어내자, 뫼비우스의 띠가 분을 향해 모여들었다. "저는 우리 안에 사랑과 동정심이 자리 잡고 있어 네 이웃을 사랑하라는 말을 따를 수 있다고 생각합니다. 그러나 먼저 자신을 사랑하지 않는다면, 이웃을 어떻게 사랑할 수 있을까요? 온갖 나쁜 일과 해로운 스트레스를 없앤다면, 어떤 광경이 펼쳐질까요? 정말 똑똑하고 사랑스러운 나 자신이 있을 겁니다."

이후 분은 아들 둘이 건강한 사고방식을 가지고 세상 어디에 있어도 마치 집에 있는 것처럼 편안히 지낼 수 있도록 기르는 데 집중했다. "저는 **행동 패턴, 사고, 패러다임**을 바꾸는 게 **얼마나 어려운지** 알고 있습니다. 한 번 생긴 패러다임은 세대를 넘어 이어지기 때문이죠." 이와 동시에 사람들이 자신과 같은 변화를 경험할 수 있도록 초월명상을 가르치는 데에도 집중했다.

그는 지금까지 40년 동안 명상을 가르쳤고, 이제는 데이비드 린치 재단의 회복 센터를 통해 워싱턴 D.C. 내 우범 지역인 남동부에서 명상 프로그램을 운영한다. 스트레스를 덜어내고 교실에서 잠재력을 온전히 펼칠 학생들, 해로운 생활 방식과 트라우마로 고통받는 사람들을 위해 초월명상을 가르치는 그는 이렇게 말한다. "제 일은 진화와 관련 있습니다. 우리는 진화하면서 점점 더 본연의 모습을 찾습니다. 완전히 탈바꿈해서 온전한 잠재력을 찾을 수 있는 것이죠. 저는 사람들이, 그리고 저 자신이 원래 모습을 찾도록 도울 때 가장 행복합니다."

분은 먼저 자신의 본모습을 찾고 나서 동료를 찾았다. 그 과정에서 이번 장에서 소개했던 네 가지 방식인 비전, 대화, 촉진, 존재 방식을 모두 경험했다.

학생들에게 스트레스에 덜 시달리는 미래를 그려줬으며, 텔로스라는 말을 꺼내지 않고도 텔로스를 향해 끝없이 대화를 이어 나갔다. 또한, 사람들을 안전한 장소에 모아놓고 가장 중요한 성장을 촉진했다. 그리고 매일 살면서 자신의 비전을 설정한다.

"진화의 징후는 어디에나 있습니다. 뉴스에서 찾지 못해도 삶 속에서 발견할 수 있을 겁니다. 최근 들어 사람들이 얼마나 친절한지 눈에 들어옵니다. 그래서 가게에 들어서는데 누군가 문을 잡아주며 '먼저 가세요.'라고 하는 것처럼 친절을 경험할 때마다 주의를 기울이죠. 이런 모습에서 희망을 느끼는 터라 친절이 더 눈에 띄는지도 모르겠습니다. 만약 집중하지 않는다면, 수많은 친절을 놓칠 겁니다. 나부터 중심이 잡혀 있어야 그런 의미 있는 순간을 더 쉽게 볼 수 있죠."

40년 동안 매일같이 명상을 가르치고 상호작용한 결과, 분이 주변에 미친 영향력이 어느 정도인지 감히 상상하기도 어렵다. 게다가 그의 영향력은 시공간을 넘어 나날이 증가하고 있다.

롱패스 상호작용은 종종 일대일로 시작해서 점점 함께 하는 사람이 늘어난다. 하지만 그런 것은 가장 효율적이라고 할 수 없다. 확성기에 대고 고래고래 소리를 지르거나 광고를 내보내는 게 훨씬 나을 것이다.

반면 조용한 방식은 느린 데다가 어그러지기도 한다. 또한, 깊이 자리 잡고 있는 신념과 이미 한 몸이 돼버린 행동 방식을 바꾸려고 노력해야 할 때도 있다. 그러나 작은 대화, 자그마한 상호작용, 사소한 습관을 바꾸며 한 발짝씩 앞으로 나아가 지속 가능한 변화를 일으킬 수 있다. 이런 순간에 문화적 규범의 기본값을 바꿀 수 있기 때문이다.

짐작했겠지만, 나는 시끌벅적한 움직임 말고 **미묘한** 변화를 지지한다. 새로운 사고방식이 **조용히** 퍼져야 한다고 생각한다. 만약 권한이 많다면, 많은 일을 하면 된다.

오랫동안 그 자리를 지켜온 수 킬로미터나 뻗은 울창한 숲을 보존할 수 있다면, 식량 불안정을 종식할 법안을 작성할 수 있다면, 그렇게 하라! 이보다 규모는 작지만 일상 속

불안을 잠재워 아이들에게 좀 더 나은 롤모델을 보여줘야겠다고 생각한다면, 축하한다. 롱패스에 접어든 것이다. 사랑하는 사람들에게 어떤 말투로 말하는지 신경 쓰고 있다면, 휴대전화 속 달력에서 오랜 친구의 생일이라는 알림을 보고 친구에게 전화해 좋은 하루를 빌어준다면, 회의에 참석해 **이 결정이 장기적으로 다음 세대에 어떤 영향을 줄까요?** 라고 질문한다면, 아이들 앞에서 배우자와 말다툼하는 걸 깨닫고 멈춰 **우리가 지금 아이들에게 대체 어떤 메시지를 전달하고 있는 거지?** 라고 생각한다면, 롱패스를 실천하고 있는 것이다.

만약 여러분 중 누군가가 대통령 자리에 올라 집무실 책상에서 이 책을 읽다가 **이 정책이 100년 후, 아니 수천 년 후의 번영으로 이어질까?** 라고 자문한다면, 이 역시 롱패스를 실천하는 것이다. 목표를 의도로, 행동을 미래 세대에 안겨줄 선물로 생각하자. 비슷한 문제를 경험하는 사람들을 만난다면, 함께 전략을 세워 지원 체계에 스트레스를 고르게 나눌 수 있는지, 완전히 줄일 수 있는지 살펴보자. 또한, 롱패스 비전에 또 다른 목표나 접점을 더할 수 있는지 주기적으로 따져보자.

이렇게 해야 새로움과 진화라는 이번 통과 의례에서 우리 인류가 성공을 경험할 수 있다. 미래 세대에게 필요한 훌륭한 조상이 될 수 있다.

롱패스 사고 훈련 15.

비전과 계획 수정하기

롱패스를 적용해 비전을 그려보니 일상에서 뭔가 달라진 게 느껴지는가? 다른 사람들의 일상에서도 변화가 느껴지는가?

지금 여러분의 비전이 100년 후를 살아갈 세대에게 어떤 영향을 미칠까? 1,000년 후에는? 또, 1만 년 후에는? 까마득히 먼 미래에 역사 수업에서 이 순간을 보고 인류가 걸어온 궤적의 위대한 전환점이라고 인정한다면 어떨까? 이런 가능성을 현실로 이루기 위해 어떤 행동에 전념해야 할까?

환경이 달라질 때마다 뭔가를 적고 세부 사항을 바꾸며 계획을 이어 나가자.

맺는 글

옥스퍼드대학교 철학과 교수 힐러리 그리브스Hilary Greaves와 윌리엄 맥어스킬William MacAskill은 이런 구절을 썼다.

"문명의 역사를 돌아보면, 우리가 문명에 얼마나 일찍 진입했는지 놀랍다."

포유류의 **일반적인** 생존 주기와 비교하면, 앞으로 우리 인간이 살아갈 날이 20만 년이나 더 남은 것이다. 따라서 지금 우리는 아기다. 정확히 말하자면, 갓난쟁이.

그리브스와 맥어스킬 역시 이점을 지적했다.

"만약 인류의 역사를 소설로 본다면, 우리는 첫 장에 있는 것이다."[1]

이런 시간 규모를 마지막으로 한 번 더 깊이 생각해 보자. 이때, 무섭다거나 무력하다는 생각은 접어두자. **나는 그저 티끌 하난데, 뭘 할 수 있겠어?** 같은 생각에 저항해야 한다.

많은 사람이 정책과 정부를 통해서 세상을 바꿀 수 있다고 생각한다. 맞다. 무시할 수 없는 의견이다. 대중문화와 그 영향력 역시 중요하다. 우리는 변화를 떠올릴 때 항상 이런 측면만을 말한다. 우리 사이에 매 순간 발생하는 상호작용에 대해 이야기하는 사람은 아무도 없다.

경찰이 한 발짝 물러나면, 분쟁을 빨리 종식할 수 있다. 기업의 경영진이 공급망에 조금만 더 관심을 둔다면, 장기적인 가치를 창출할 수 있다. 공학자들이 모여 가능한 미래를 더 생각해 본다면, 편견이 덜한 AI를 만들어 낼 수 있다. 학교에서 농장을 운영하면, 아이들에게 더 건강한 음식을 제공할 수 있다. 시민이 손주를 생각하며 비전을 그린다면, 다른 민족을 배척하는 민족주의라는 이념에 반기를 들 것이다. 부모가 세심히 주의를 기울인다면, 먼 미래에 어떤 모습으로 자녀와 작별할지 생각하고 바꿔나갈 수 있을 것이다.

이런 순간들은 신경 쓰지 않으면 그냥 지나치기 쉽다. 빅데이터와 크나큰 문제가 함께하는 이 세상에서 너무 사소한 나머지 그 중요성이 쉬이 드러나지 않는다. 그러나 20년 이상 동안 미래를 생각하며 살아온 사람으로서, 나는 매일 다른 사람과 함께하든 머릿속으로 그리든 마주하는 셀 수 없이 많은 작은 상호작용이 우리 **호모 사피엔스**가 탄배를 원하는 방향으로 돌릴 수 있을 것이라 확신한다.

보통 끝맺는 글에는 대개 저자가 마지막으로 하고 싶은 말, 즉 독자에게 비전을 아로새기기 위해 남긴 촌철살인이 실리기 마련이다. 그러나 나는 이번 장을 180도 다르게 활용하고 싶다. 여러분과 함께 마무리 짓고 싶다.

여기에 미래에서 살아갈 모두가 읽을 쪽지를 써 보면 어떨까? 인생에서 가장 중요하다고 생각하는 것, 정말로 전하고 싶은 지혜, 아니면 미래 세대에게 빌어줄 수 있는 소망이나 축복을 써보자. 진심으로.

_____

_____

_____

_____

_____

_____

_____

_____

_____

_____

이제 여러분이 쓴 글에 생명을 불어넣자. 그 말대로 살아가는 것이다. 그래서 미래 세대가 필요로 하는 훌륭한 어른이 되도록 하자.

(끝. 혹은 …… 또 다른 시작일지도.)

감사의 말

나는 운 좋게도 40년이 넘도록 가족과 친지들로부터 크고 작은 도움을 받을 수 있었다. 나 스스로 정한 길을 따라가며 만난 고마운 사람들을 모두 소개하려면 책 한 권을 더 써야 할지도 모르니 어쩔 수 없이 짧게 마무리하려 한다.

부모님이 마음속 깊이 남겨준 신념이 없었다면, 나는 지금 이 모습으로 존재할 수 없었을 것이다. 대학교 1학년일 때 아버지를, 이 책을 쓰기 시작한 지 얼마 안 됐을 때 어머니를 떠나보냈지만, 책장마다 부모님의 지혜를 느낄 수 있다. 불확실한 미래에도 이 어린 나를 돌보고 나아갈 길을 알려준 누나들을 생각하면, 너무도 고맙다.

초창기에 롱패스 연구소를 지지해 준 제니퍼 소로스와 조너선 소로스에게도 감사한다. 그들은 미래 세대를 생각하며 지칠 줄 모르고 헌신하는 사람들이다.

이 책을 쓸 수 있게 용기를 준 에이전트인 하워드 윤과 출판사 하퍼원의 편집자인 애나 퍼스텐바크도 꼭 소개해야겠다. 이들이 없었다면, 이 책은 여전히 여기저기 흩어진 쪽지에 불과할 것이다. 출판사 팀원들인 선 백, 리다 쉐인타웁, 조이 오미아라, 애드리언 모건이 집필할 때 함께 애써주며 집집마다 책장에 놓을 수 있는, 어엿한 책을 세상에 내놨다.

삽화에는 브룩 버드너가 재능을 보탰다. 롱패스 연구소의 초대 연구 책임자로 초빙해 영광이었던 킴벌리 스트리터 박사는 처음에 내 글을 보고 소감과 함께 책 전반에 걸친 통찰까지 전해줬다. 또 저술 활동의 롤모델인 제나 랜드프리가 있어 가끔은 글을 쓰다 의지할 수 있었다. 무슨 일이 있어도 의연하게 앞을 향해 가는 그녀가 없었다면, 이 책은 세상에 나오지 못했을 것이다.

본보기가 돼주며 이 책을 세상에 내놓겠다는 생각에 아낌없이 지지를 보낸 친구들과 동료들도 있다. 네이선 아비트먼, 홀리러슨 길먼, 루 카바예로, 더글러스 러시코프, 미셸 무어, 캐슬린 머독, 제프 스토이크, 애나 버거, 애덤 블라이, 조너선 바질레이, 리즈 프라이리시, 루스 볼드윈, 어맨다 실버, 제러미 워데임, 다니엘 리흐티, 스콧 오스먼, 애런 그레이번, 런지 리토위츠, 마이크 브룩스, 에마 골드버그, 닐스 길먼, 티파니 실레인, 믹 무어, 제니퍼 후스-로스버그, 랍비 데이비드 잉버, 데이비드 즈윅, 브루스 펠리어, 라이언 센서, 랍비 샤론 브루스, 아이-젠 푸, 이타샤 워맥, 코트니 마틴, 데이비드 데스테노, 자밀 자키, 할 허시필드, 하리 한, 니나 마자, 제리 샌더스 교수, 레나 분, 막스 클라우, 더그 선데임에게 감사한다.

그리고 내 사상에 커다란 영향을 미친 헤르베르트 마르쿠제, 지두 크리슈나무르티, 버크민스터 풀러, 어니스트 베커, 아이작 아시모프, 옥타비아 버틀러, 마틴 셀리그만, 앨런 왓츠, 어슐러 K. 르 귄에게도 감사한다.

마지막으로 아내이자 평생의 동반자인 샤론의 지지, 사랑, 믿음이 없었다면, 롱패스도, 그 어떤 길도 이 세상에 등장하지 않았을 것이다.

부록

단기적 사고에서 벗어나 롱패스 사고방식을 가지기 위해서는
사회의 커다란 흐름에 관심을 기울여야 한다.
미래학자들이 밝히는 21세기의 메가트렌드를 소개한다.

부록. 롱패스 메가트렌드

사회적 & 문화적 변화
- 기존 집단 & 조직의 쇠퇴
- 아이디어 & 내러티브의 글로벌화
- 디지털 문화 & 사회 네트워크의 부상
- 여성의 지위 & 힘의 부상

인구 통계적 변화
- 밀레니얼 세대의 성장
- 베이비부머 세대의 재부상
- 만연한 도시화
- 새로운 인종 & 다수 민족의 부상

과학 & 기술 발전
- 생명공학의 발전
- 투명성 & 빅데이터의 부상
- 에너지 자원의 약진
- 만연한 디지털화
- 유비쿼터스 인텔리전스

환경 역학
- 기후에 따른 질병 확산
- 기후에 따른 이주
- 기후 변화 & 자원 부족

경제적 변화
- 글로벌 경제 질서의 다극화
- 업무 분해 & 분산
- 점점 벌어지는 소득 격차

정치 역학
- 기존 체제 내 권력의 쇠퇴
- 새로운 영역 다툼

참고 문헌

1장. 삶 롱패스란 무엇이며 왜 필요한가

1 Edelman, "Edelman Trust Barometer 2021," https://www.edelman.com/trust/2021-trust-barometer(2021년 8월 27일 접속).

2 United States National Intelligence Council, "Global Trends 2040," McLean, VA: Office of the Director of National Intelligence, 2021, https://www.dni.gov/files/ODNI/documents/assessments / GlobalTrends_2040.pdf.

3 "Millions Tumble Out of the Middle Class," Bloomberg video, April 7, 2021, https://www.bloomberg.com/news/videos/2021-04-07/ millions -tumble-out-of-the-middle-class-video.

4 Edelman, "Edelman Trust Barometer 2021."

5 Shane McFeely and Ryan Pendell, "What Workplace Leaders Can Learn from the Real Gig Economy," Gallup, August 16, 2018, https:// www.gallup.com/workplace/240929/workplace-leaders-learn-real- gig-economy.aspx.

6 Ziauddin Sardar, "Welcome to Postnormal Times," Futures 42, no. 5(June 2010): 435−44, doi: 10.1016/j.futures.2009.11.028.

7 일리야 프리고진, 이사벨 스텐저스, 《혼돈으로부터의 질서》(자유아카데미, 2011년).

8   1500년대 중국 명나라의 멸망과 900년대 마야의 몰락 이후에도 비슷한
    일이 있었다.

9   후손이 몇 명일지 알고 싶다면 다음 웹사이트에서 확인하기 바란다.
    familyrecordfinder.com/descendants.html. 사용하는 공식은 다음과 같
    다. x1+x2...xn 여기서 x는 자녀 수, n은 몇 대손인지를 나타낸다.

10 Julie Beck, "Where Life Has Meaning: Poor Religious Countries,"
    Atlantic, January 10, 2014, https://www.theatlantic.com/health/
    archive/2014/01/where-life-has-meaning-poor-religious-
    countries/282949/.

2장. 변화 기존 방식이 더 이상 작동하지 않는 이유

1   최근 600명의 기업 임원을 대상으로 실시한 한 설문조사 결과, 3분의 2가
    단기 성과에 집중해야 한다는 압박감을 느꼈다고 응답했다. Jonathan
    Bailey et al., "Short-termism: Insights from Business Leaders,"
    Focusing Capital on the Long Term, January 2014, https://www.
    fcltglobal.org/wp-content/uploads/20140123-mck-quarterly-
    survey-results-for-fclt-org_final.pdf.

2   Manda Mahoney, "The Subconscious Mind of the Consumer(And How
    to Reach It)," Working Knowledge, Harvard Business School, January
    13, 2003, https://hbswk.hbs.edu/item/the-subconscious-mind-of-
    the-consumer-and-how-to-reach-it. The 80 percent came from here
    but is not specifically sourced: Michael Levine, "Logic and Emotion,"
    Psychology Today, July 12, 2012, https://www.psychologytoday.com/
    gb/blog/the-divided-mind/201207/logic-and-emotion.

3   Teressa Iezzi, "No Future: Present Shock and Why Our Now-
    Fixation Has Changed Everything from Advertising to Politics," Fast
    Company, July 8, 2015, https://www.fastcompany.com/1682643/no-
    future-present-shock-and-why-our-now-fixation-has-changed-
    everything-from-advertising-to.

4   Yohan J. John, "The 'Streetlight Effect': A Metaphor for Knowledge
    and Ignorance," 3 Quarks Daily, March 21, 2016, https://3quarksdaily.
    com/3quarksdaily/2016/03/the-streetlight-effect-a-metaphor-for-
    knowledge-and-ignorance.html.

5   Trevor Haynes, "Dopamine, Smartphones & You: A Battle for Your
    Time," Science in the News, Harvard University Graduate School

of Arts and Sciences, May 1, 2018, https://sitn.hms.harvard.edu/flash/2018 /dopamine-smartphones-battle-time/.

6   American Museum of Natural History, "Human Population Through Time," YouTube video, November 4, 2016, https://www.youtube.com/watch?v=PUwmA3Q0_OE.

7   캐럴 드웩,《마인드셋》(스몰빅라이프, 2023년).

8   2021년 6월, 데이비드 데스테노가 저자와 주고받은 편지 내용.

9   David DeSteno, "The Kindness Cure," Atlantic, July 21, 2015, https://www.theatlantic.com/health/archive/2015/07/mindfulness-meditation-empathy-compassion/398867/.

10 Shanyu Kates and David DeSteno, "Gratitude Reduces Consumption of Depleting Resources," Emotion(December 28, 2020), doi:10.1037/emo0000936.

11 TEDx Talks, "We're experiencing an empathy shortage, but we can fix it together | Jamil Zaki | TEDxMarin," YouTube video, October 18, 2018, https://www.youtube.com/watch?v=-DspKSYxYDM.

12 Erika Weisz et al., "Building Empathy Through Motivation-Based Interventions," Emotion(November 19, 2020), doi: 10.1037/emo0000929.

3장. 실천 과거, 현재, 미래 바라보기

1   J. Krishnamurti—Official Channel, "Audio | J. Krishnamurti—msterdam 1969—Public Talk 2—How Is Conditioning to Be Understood?" YouTube video, November 24, 2020, https://www.youtube.com/watch?v=279RfTu0gKY. Content reproduced with permission. For more information about J. Krishnamurti(1895-1986), see: www.jkrishnamurti.org.

1   Cameron Hewitt, "Unwanted Statues? A Modest Proposal, from Hungary," Rick Steves' Europe, June 18, 2020, https://blog.ricksteves.com/cameron/2020/06/hungary-statues/.

2   Bryan Stevenson, discussion with Rabbi Sharon Brous for Yom Kippur, September 2020.

3   Christina Chwyl, Patricia Chen, and Jamil Zaki, "Beliefs About Self-Compassion: Implications for Coping and Self-Improvement,"

Personality and Social Psychology Bulletin 47, no. 9(September 2021): 1327–42, doi: 10.1177/0146167220965303.

4   어니스트 베커,《죽음의 부정The Denial of Death》

5   아툴 가완디,《어떻게 죽을 것인가》(부키, 2015년).

6   마이클 헵,《사랑하는 사람과 저녁 식탁에서 죽음을 이야기합시다》(을유문화사, 2019년)

7   TED, "Laura Carstensen: Older People Are Happier," YouTube video, April 9, 2012, https://www.youtube.com/watch?v=7gkdzkVbuVA.

8   Terri Hansen, "How the Iroquois Great Law of Peace Shaped U.S. Democracy," PBS.org, December 17, 2018, https://www.pbs.org/native-america/blogs/native-voices/how-the-iroquois-great-law-of-peace-shaped-us-democracy/#1.

9   대니얼 길버트,《행복에 걸려 비틀거리다》(김영사, 2006년)

10   John Tierney, "Why You Won't Be the Person You Expect to Be," New York Times, January 3, 2013, https://www.nytimes.com/2013/01/04/science/study-in-science-shows-end-of-history-illusion.html.

11   Emily Pronin, Christopher Y. Olivola, and Kathleen A. Kennedy, "Doing Unto Future Selves As You Would Do Unto Others: Psychological Distance and Decision Making," Personality and Social Psychology Bulletin, 34, no. 2(February 2008): 224–36, doi: 10.1177/0146167207310023.

12   Arnaud D'Argembeau and Martial Van der Linden, "Emotional Aspects of Mental Time Travel," Behavioral and Brain Sciences, 30, no. 3(June 2007): 320–21, doi: 10.1017/S0140525X07002051.

13   Debora Bettiga and Lucio Lamberti, "Future-Oriented Happiness: Its Nature and Role in Consumer Decision-Making for New Products," Frontiers in Psychology, 11, no. 929(May 2020), doi: 10.3389/fpsyg.2020.00929.

14   Yoshio Kamijo et al., "Negotiating with the Future: Incorporating Imaginary Future Generations into Negotiations," Sustainability Science, 12, no. 3(May 2017): 409–20, doi: 10.1007/s11625-016-0419-8.

15   John Koetsier, "Why Every Amazon Meeting Has at Least 1 Empty

Chair," Inc.com, April 5, 2018, https://www.inc.com/john-koetsier/
why-every-amazon-meeting-has-at-least-one-empty-chair.html.

4장. 창조 미래 그리고 우리가 미래를 만나는 방식

1 Centers for Disease Control and Prevention, National Center for
Health Statistics, "Death Rates Due to Suicide and Homicide among
Persons Aged 10–24: United States, 2000–2017," Sally C. Curtain, M.A.
and Melonie Heron, Ph.D., NCHS Data Brief no. 352(Hyattsville, MD,
October 2019), https://www.cdc.gov/nchs/data/databriefs/db352-h.
pdf.

2 Peter Daszak et al., "Infectious Disease Threats: A Rebound to
Resilience," Health Affairs, 40, no. 2(January 2021): 204–11, doi:
10.1377/hlthaff.2020.01544.

3 "Russia 'Meddled in All Big Social Media' around US Election," BBC
News online, December 18, 2018, https://www.bbc.com/news/
technology-46590890.

4 Roy F. Baumeister et al., "Everyday Thoughts in Time: Experience
Sampling Studies of Mental Time Travel," Personality and Social
Psychology Bulletin, 46, no. 12(December 2020): 1631–48, doi:
10.1177/0146167220908411.

5 "Wedding Services in the US—market Size 2005–027," IBIS World,
April 29, 2021, https://www.ibisworld.com/industry-statistics/market
-size/wedding-services-united-states/.

6 존 레인, 《조금 내려놓으면 좀 더 행복해진다》(단한권의책, 2013년)

7 Laurie Santos, "Laurie Santos, Yale Happiness Professor, on 5 Things
That Will Make You Happier," Newsweek, January 8, 2021, https://
www.newsweek.com/2021/01/08/issue.html.

8 Xu Guifeng et al., "Twenty-Year Trends in Diagnosed Attention-
Deficit /Hyperactivity Disorder Among US Children and Adolescents,
1997–2016," JAMA Network Open, 1, no. 4(August 2018), doi:10.1001/
jamanetworkopen.2018.1471.

9 빅터 프랭클, 《죽음의 수용소에서》(청아출판사, 2012년)

10 Barbara L. Fredrickson and Marcial Losada, "Positive Affect and the
Complex Dynamics of Human Flourishing," American Psychologist,

60 no. 7(October 2005): 678–86, doi: 10.1037/0003-066X.60.7.678.

11 Felicia Huppert and Timothy So, "Flourishing across Europe: Application of a New Conceptual Framework for Defining Well-Being," Social Indicators Research, 110, no. 3(February 2013): 837–61, doi:10.1007/s11205-011-9966-7

12 TED, "The 'Dementia Village' That's Redefining Elder Care | Yvonne van Amerongen," YouTube video, April 8, 2019, https://www.youtube.com/watch?v=YSZhrxOkBZI.

5장. 번영 더 나은 세상을 위해 함께 하기

1 Mike Dash, "The Story of the WWI Christmas Truce," Smithsonian Magazine online, December 23, 2011, https://www.smithsonianmag.com/history/the-story-of-the-wwi-christmas-truce-11972213/.

2 Chun-Yin San, "Democratising the Future: How Do We Build Inclusive Visions of the Future?," Nesta, December 20, 2017, https://www.nesta.org.uk/blog/democratising-the-future-how-do-we-build-inclusive-visions-of-the-future/.

3 Ewing Marion Kauffman Foundation, "At the Corner of the Future: Kansas City's World Building Pilot," Kauffman.org video, July 26, 2018, https://www.kauffman.org/currents/at-the-corner-of-the-future/.

맺는 글

1 Hilary Greaves and William MacAskill, "The Case for Strong Longtermism," University of Oxford Global Priorities Institute, https://globalprioritiesinstitute.org/wp-content/uploads/2019/Greaves_MacAskill_The_Case_for_Strong_Longtermism.pdf(2021년 8월 29일 접속).

KI신서 11687

롱패스

1판 1쇄 인쇄 2024년 1월 10일
1판 1쇄 발행 2024년 1월 17일

지은이 아리 월락
옮긴이 김시내
감수 윤정구
펴낸이 김영곤
펴낸곳 (주)북이십일 21세기북스

정보개발팀장 이리현 **정보개발팀** 이수정 강문형 박종수
교정교열 박혜연 **디자인** 표지 림디자인 본문 푸른나무디자인
출판마케팅영업본부장 한충희
마케팅1팀 남정한 한경화 김신우 강효원
출판영업팀 최명열 김다운 권채영 김도연
제작팀 이영민 권경민
해외기획실 최연순

출판등록 2000년 5월 6일 제406-2003-061호
주소 (10881) 경기도 파주시 회동길 201(문발동)
대표전화 031-955-2100 **팩스** 031-955-2151 **이메일** book21@book21.co.kr

ISBN 979-11-7117-375-4

(주)북이십일 경계를 허무는 콘텐츠 리더

21세기북스 채널에서 도서 정보와 다양한 영상자료, 이벤트를 만나세요!

페이스북 facebook.com/jiinpill21   **포스트** post.naver.com/21c_editors
인스타그램 instagram.com/jiinpill21   **홈페이지** www.book21.com
유튜브 youtube.com/book21pub